안성우 목사의
리더십노트

Leadership Note

Chapter1 내 일은 내일 하는 것이 아니다

NOTE 1	리더에게 무슨 일이 있었나요?	20
NOTE 2	리더십 희생의 법칙	25
NOTE 3	리더십의 비언어적 요소	31
NOTE 4	리더의 오늘, 그리고 내일	37
NOTE 5	리더의 행복할 자유와 지혜	43
NOTE 6	리더의 에너지 발전소	48
NOTE 7	리더의 회복탄력성	53
NOTE 8	리더의 지식 저장고	59
NOTE 9	리더와 트렌드, 그리고	65
NOTE 10	리더십은 모든 것이다	71

Chapter2 사실, 정의, 모두에 사랑을 더하다

NOTE 11	리더의 슬픔에 관하여	78
NOTE 12	럭셔리 예수, 럭셔리 리더	84
NOTE 13	리더와 공감의 힘	90
NOTE 14	리더와 인격의 힘	96
NOTE 15	리더와 인사관리	101
NOTE 16	리더십 혁신의 법칙	107
NOTE 17	아프니까 리더다?	112
NOTE 18	또라이 제로 공동체	118
NOTE 19	리더의 관계론	124
NOTE 20	리더의 자유	130

Chapter 3 수많은 우연은 기필코 필연을 낳는다

NOTE 21	리더의 믿음과 리스크	138
NOTE 22	리더의 실패, 능력과 상처의 차이	144
NOTE 23	리더와 모멘텀	150
NOTE 24	긍정의 배신과 리더십	155
NOTE 25	리더와 위기관리	161
NOTE 26	리더의 고(Go) 포인트	166
NOTE 27	리더십의 유형과 의사결정	172
NOTE 28	리더의 피보팅(Pivoting)	177
NOTE 29	리더십 과정의 법칙	183
NOTE 30	리더와 프레임의 법칙(Frame law)	189

추천사

김동오 목사(원주 태장교회)

안성우 목사는 당진에서 목회할 때 만났습니다. 그는 신학대학원 시절 합덕에 개척을 했는데요. 대학원을 마치고 함께 원어 성서 연구 모임에서 공부를 했습니다. 젊고 열정적인 목회자였는데요. 멈추지 않았습니다. 도전은 이제 그에게 일상이 됐습니다. 일산에서 두 번째 개척 후 몇 년마다 한 번씩 도전을 했습니다. 도전이 오늘의 안성우 목사와 로고스교회를 있게 합니다. 새벽마다 그의 서재를 들여다보지 못했지만 그의 글을 보며 그를 들여다봅니다. 「101가지 삶의 디테일」에서 감동을 주더니 「리더십 노트」는 울림을 줍니다. 그의 글은 명문입니다. 명확한 진단, 정확한 처방을 냅니다. 로고스교회 성도님들은 행복하겠습니다. 나도, 로고스교회 성도 하고 싶습니다.

김상현 목사(사랑과 권능교회)

 한국성결신문을 받아 볼 때마다 가장 먼저 '안성우 목사의 리더십 노트'를 찾곤 합니다. 서투른 목회 사역 중에 혼자 해결하기 어려운 문제를 만날 때마다 선배님의 귀한 글을 통해 탈출구를 찾았던 경험 때문이지요.

'안성우 목사의 리더십 노트' 칼럼은 자신이 걸어온 목회 여정 속에 녹아든 성공과 실패, 좌절의 경험과 꾸준한 독서를 통해 얻은 귀한 지혜가 어우러져 같은 길을 걸어가는 후배들에게 실제적인 도움을 줍니다.

때로는 감탄으로, 공감으로, 그리고 도전으로 다가오는 귀한 글이 책으로 출간되게 되어 진심으로 감사와 축하를 드립니다.

김주헌 목사(기독교대한성결교회 총회장, 북교동교회)

 안성우 목사는 신학대학에 다닐 때 존재감이 없었습니다. 그가 교회를 개척해서 부흥한다는 소문이 사실 잘 믿기지 않았습니다. 만남도 대화도 전무했습니다. 그와는 총회 국내선교위원장을 지낼 때 총무로 만났습니다. 1천여 명이 모이는 "부흥키워드"를 맡겼더니 조직적이고 분명한 방향으로 이끌었습니다. 어느 날 만난 저자는 제가 아는 안성우 목사가 아니었습니다. 20년 이상 새벽기도를 마치고 서재에서 책을 읽고 글을 쓰는 열매로 다섯 번째 책을 냅니다. 그의 글이 기다려지는 대목입니다. 그의 글은 간결합니다. 주제가 다양합니다. 통일성이 있습니다. 방대한 지식을 전달합니다. 퍼 온 지식이 날줄과 씨줄로 엮였습니다. "리더십이 전부다."란 그의 외침에 전적으로 동의합니다. 리더십은 늘 도전받습니다. 때론 길을 잃습니다. 더 늦기 전에 이 땅의 모든 리더에게 필독을 추천합니다. 큰 도움이 될 것입니다.

류정호 목사(기독교대한성결교회 전 총회장, 백운교회)

 안성우 목사를 만난 것은 40년이 넘습니다. 신학대학원 시절 당진에서 개척할 때 늘 질문을 가지고 대전을 찾았습니다. 때론 새벽 2시까지 대화를 나누며 함께 울고 웃었습니다. 1997년에 로고스교회를 개척했는데요. 인사, 행정, 설교, 거의 목회 전부에 관한 질문을 던지며 분투했습니다. 리더의 오류를 줄이기 위한 질문은 오늘이 있게 했습니다. 그런 그가 리더십으로 박사학위를 받았습니다. 독서와 질문을 쉬지 않더니 「리더십 노트」를 출간합니다. 작은 가르침을 크게 받아 책으로 펴낸 안목사에게 박수를 보냅니다. 이론을 몸으로 담아냈고 체득된 경험을 이야기로 풀었습니다. 질문도 놓치지 않았습니다. 특히 리더의 관점을 열어주며 수려한 문체에 마음을 빼앗깁니다. 그를 알기에 벅찬 가슴, 아련한 심정, 대견함이 교차합니다. 모든 사람은 리더입니다. 강력하게 추천합니다.

안효성 목사(비전교회)

 종종 리더십에 관한 책을 읽곤 한다. 목회자의 모든 역량은 '리더십'이라는 단어 안에 다 들어가 있다는 것을 깨달았기 때문이다. 그 깨달음의 근원은 하나님이시지만 스승이신 안성우 목사님께서 때로는 길이 되어 주셨고 통로가 되어 주셨다.
부교역자로 사역하면서 목사님의 리더십을 보고 많이 배웠다. 교회를 사임할 때 '여정 자체가 축복이었다'라는 고백을 드렸다. 개척교회 목사로 사역할 때는 스승님의 책과 멘토링을 통해 시행착오를 줄일 수 있었다. 전통 교회에 부임해서 사역한 지난 2년 동안은 목사님의 "리더십 노트"를 통해 매주 가르침을 받았다. 마치 수업료를 지불하지 않은 청강생처럼 조용히, 은밀하게! 최근에 스승님께 마음을 토로한 적이 있었다. "리더십 노트"는 힘들어하는 제자에게 전하는 개인적인 조언이자 위로였음을 나는 안다. 그러나 이 책을 읽는 모든 독자들도 비슷한 경험을 하게 될 것이다. 스승님은 늘 멀리 계시다! 한두 발이 아니라 언제나 서너 발 이상 앞서 계신다. 그래서 감사하고 감사하다!

이덕한 목사(강서교회)

 어느 날 그를 만났습니다. 절친의 제자여서 그냥 만났습니다. 설익은 날 것 그대로였습니다. 한 가지는 분명했습니다. 제가 가지지 못한 것을 가졌습니다. 그것은 질문입니다. 코로나19로 인한 사상 초유의 위기가 왔을 때, 그는 의사 결정 전에 늘 질문으로 찾아왔습니다. 때론 답을 아는 것 같았지만 질문을 냈습니다. 확신을 갖고 오류를 줄이기 위한 지혜로 읽었습니다. 한국성결신문이 발행될 때마다 그의 코너를 찾았습니다. 한 달에 한 번 정도였지만 탁월했습니다. 국민일보에 "안성우 목사의 시편"을 쓸 때보다 한층 익고 깊은 식견을 쏟아냈습니다. 마음을 열고 대화를 나누다 보면 신바람이 납니다. 저자의 열정이 춤추게 합니다. 이젠 안성우의 글이 많은 이를 춤추게 할 것이라는 믿음을 담아 추천합니다.

임석웅 목사(기독교대한성결교회 부총회장, 대연교회)

 리더십은 모든 공동체의 미래를 결정합니다. 특별히 담임목사의 리더십은 교회의 부흥과 성장에 지대한 영향을 미칩니다. 이런 생각에 저는 늘 성도들에게 "좋은 목사 한 명이 좋은 교회 하나입니다. 우리 교회에서 동역하는 부목사님들이 좋은 목사님으로 성장하도록 돕는 일도 우리 교회가 해야 할 중요한 사역 중에 하나입니다."라고 강조합니다. 그와 함께 부목사님들에게는 좋은 리더가 되기 위해 스스로 끊임없이 노력할 것을 주문합니다. 그 중에 하나가 독서입니다.

 체계적인 독서로 좋은 리더가 되기 위해 부단히 노력하던 안성우 목사가 그동안 성결신문에 기고했던 리더십에 관한 글을 다듬어서 질문을 담은 「리더십 노트」로 출간했습니다. 신문을 볼 때마다 책으로 나오면 좋겠다는 생각을 했던 글들입니다. 리더십에 대한 많은 책이 있습니다. 이 책은 그 책들의 핵심을 정리한 책입니다. 안성우 목사는 박사학위 논문이 '섬김 리더십'이었는데요. 이번에는 삶의 리더십으로 왔습니다. 기꺼이 모든 공동체의 리더들에게 이 책을 추천합니다. 짧은 시간을 투자해서 많은 것을 얻게 해주는 책입니다.

홍순철 장로(북칼럼니스트, BC에이전시 대표)

 존경하는 안성우 목사님의 다섯 번째 책 출간을 축하드립니다. '추천사'라니요? 제겐 너무 과분합니다. 그럼에도 제가 귀한 지면에 몇 자 적을 수 있는 이유는 목사님과 함께 한 지난 23년의 행복한 동행이 있기 때문입니다.

 목사님은 책에서 얻은 지식을 굳은 화석처럼 두지 않는 행동가십니다. 부지런히 읽고 쓰며 행동으로 옮기시는 것을 주저하지 않으십니다. 목사님은 '서번트 리더십'의 실천자십니다. 사람을 세우고 살리고 성장시키고 자립시키는 것을 사명으로 여기는 분입니다. 섬김이 그분의 삶입니다. 유유히 흐르는 강물처럼 조용히 낮은 자세로 섬김의 자리에 있으셨습니다. 그리고 그곳에서 주님도 일하셨습니다.

 이 책에 목사님 삶이 고스란히 투영돼 있습니다. 남몰래 흘린 눈물과 치열한 고민, 그리고 성도들을 향한 아낌없는 사랑이 담겨있습니다. 끊임없는 독서와 모범적인 실천으로 일궈낸 소중한 경험이 녹아있습니다. 말씀이 삶이 되는 로고스 교회는 그래서 언제나 행복합니다!

Leadership Note Chapter 1
내 일은 내일 하는 것이 아니다

리더십 노트 1

리더에게 무슨 일이 있었나요?

　사노라면 도저히 이해할 수 없는 사람을 만나곤 하는데요. "저 사람 뭘 잘못 먹어서 저렇게 부정적이지?"라고 질문을 내보지만 엄밀한 의미에선 질문이 아니라 푸념일 뿐입니다. 불평, 거짓, 과장, 분열, 참소, 냉소적인 사람을 만나면 에너지를 많이 빼앗깁니다. 선량한 사람이라 한들 수준 낮은 인식을 가지고 있다면 더 곤란해지곤 합니다. 잘못 접근하면 나 하나의 방어로 해결되지 않고 공동체에도 생채기가 나지요. "저 사람 도대체 왜 저런다니?"라고 생각하면 그 사람의 어이없는 행동만큼이나 의미 없는 질문이 되고 맙니다. 왜 그런지 알고 이해하는 것은 복잡한 문제인데요. 그의 반공동체성 행동의 원인을 안다고 해서 답을 찾을 수 있는 것도 아닙니다.
　아동 정신의학자, 행동과학과 교수인 브루스 D. 페리 박사와 오프라 윈프리는 30년간 이어진 만남의 열매로 『당신에게 무슨 일이 있었나요』를 출간합니다. 트라우마와 뇌, 치유와 회복탄력성에 관한 치열한 고민과 대화를 담았는데요. 고립과 단절의 시대에 우리는 얼마나 취약하며, 상처를 삶의 지혜로 바꾸는 일이 어떻게 가능한지 둘만의 대화의 창을 열어 사회적 담론을 이끌어냅니다.

오프라 윈프리는 세계 전역에서 수천만 명이 시청한 '오프라 윈프리 쇼'의 진행자인데요. 타임, 포브스, 저명한 미디어로부터 해마다 '가장 영향력 있는 인물'로 선정된 아이콘입니다. 어린 시절은 학대와 방임에 노출됐어요. 경제적 능력이 없는 미혼모에게 태어나 6년간 할머니 손에서 자라며 '매 맞고도 미소 지어야 하는 아이'였죠. 늘 외로웠고 사랑받는다고 느낀 적이 없었답니다. 자신이 그저 부모의 짐일 뿐이라고 여겼습니다. 자신의 마음을 할퀸 아픔과 트라우마를 극복하려 오랜 시간 싸우고 노력해왔는데요. 상처가 사명이 됐습니다. 아동 학대 예방을 위해 목소리를 내고 적극적으로 나서 일명 '오프라 법'이라 불리는 미국의 국가 아동보호법 제정에 공헌했습니다.

한때 요리와 골목상권을 살리는 TV 프로그램이 인기를 끌었는데요. 최근에는 자신의 트라우마를 털어놓고 솔루션을 얻는 TV 상담 프로그램이 대세입니다. 화려한 스포트라이트를 받는 유명인이 어린 시절 불우한 환경을 용기로 펼칩니다. 지금 자신이 겪는 우울함과 공허함에서 벗어나지 못한다고 고백하는 솔직함이 올라갈 때 시청률도 정비례해서 올라갑니다.

일상에서 이런 상처나 트라우마를 솔직하게 털어놓기란 쉽지 않은데요. 더욱이 리더라면 숨기고 자신감과 책임감으로 무장하는 게 미덕이라고 여기는 경우도 허다했지요. 이유 없이 부정적인 감정에 휩싸일 때, 반복되는 해로운 행동 패턴을 바꾸지 못할 때, 그로 인해 실수와 실패가 이어질 때 그 원인을 찾기가 쉽지 않습니다. "난 대체 뭐가 잘못된 거지?"라며 자책하기 십상인데요. 시간의 풍화 작용에도 트라우마는 용케 몸을 피하고 늘 도사리듯 내면에 자리합니다. "당신에게 무슨 일이 있었나요?"라는 물음은 자신의 트라우마를 관찰자적 시점에서 객관적으로 보게 합니다. 자신의 상처와 현재가 반드시 자신의 책임이 아니라는 것에서부터 출발하면 치유에 한 걸음 다가 선 겁니다.

과거는 돌이킬 수 없고 과거에 대한 올바른 치유와 반응이 미래를 결정합니다. 85퍼센트가 부모의 부정적인 영향을 받지만 75퍼센트는 극복합니다. 끊임없이 치유와 회복의 과정을 거치는 건데요. 과거를 바꿀 수는 없지만 남아있는 잔재를 '주님처럼'을 통해 여과하는 겁니다. 주님을 거쳐 주님처럼 기도하고 반응하는 것은 이제라도 선택할 수 있습니다. 과거의 상처 속에서 주님의 공감, 위로, 덮으심을 경험하는 자는 삽니다. 그 경험을 제공해야 할 곳이 가정과 교회입니다.

질문을 바꿉니다. "나에게 무슨 일이 있었는가?" 필자는 엄격한 어머니로부터 받은 체벌과 편애, 관대한 아버지의 사랑과 인격이 싸웁니다. 순기능이 역기능을 덮을 수 있는 것은 주님의 대속적 죽음으로 인한 사랑의 구원입니다. 지금, 결혼과 아내, 자녀와 친구, 선배와 후배, 교회와 공동체를 생각합니다. 이렇게 사랑받는 게 과분할 따름인데요. 오늘의 과제는 "섬기는 교회를 얼마나 더 건강하고 믿음과 사랑이 넘치는 공동체로 세워갈 것이냐? 성도에게 어떻게 회복의 공동체로 자리할 것이냐?"에 관한 겁니다.

상황은 선택할 수 없지만
반응은 선택할 수 있다.

상처받는 상황은 선택할 수 없지만 하나님의 관점으로 반응하는 것은 내가 선택할 수 있습니다. 내 안에 주님이 계신다면 주님이 선택하십니다. 주님이시면 됩니다.

생각노트 Thinking Note

생각 1. 당신의 부모는 어떤 분이신가요? 부정과 긍정 경험을 하나씩, 사건을 중심으로 말씀해 주세요.

생각 2. 최근 당신에게 가장 부정적인 경험은 무엇이었나요? 그 일에 당신은 어떻게 반응했나요? 다시 겪게 된다면 어떻게 반응하실 건가요?

생각 3. 당신이 그 일(질문 2의 부정적 경험)에 그렇게 반응한 이유는 당신의 과거에 있었던 어떤 사건 때문이라고 생각하시나요? 그렇다면 그 사건은 무엇인가요?

생각 4. 오늘의 당신이 존재하기까지 당신에게 가장 큰 긍정 영향을 미친 사람과 사건은 무엇인가요? 앞으로 부정 경험을 피할 수 없을 터인데 예측된 상황을 설정하고 어떻게 반응할 것인지 구체적으로 말씀해 주세요.

리더십 노트 2

리더십 희생의 법칙

「영웅은 필요 없다(It Doesn't Take a Hero)」는 걸프전에서 다국적군을 승리로 이끈 노먼 슈워츠코프의 자서전인데요. 출간 전부터 대형 출판사의 출판 경쟁이 치열했던 만큼 화제가 됐습니다. 존 맥아더 장군 이후 걸프전 영웅의 인기는 하늘을 찔렀는데요. 정작 장군은 "영웅은 필요 없다."라며 전역 후 모습을 보이지 않았습니다. 베트남 전쟁에서 대대장으로 복무할 때는 부하들의 목숨을 구하기 위해 상관의 명령에 불복했고 연대장은 그 일로 진급하지 못했습니다. 작전 중 병사가 지뢰를 밟아 발목을 잃었는데요. 피를 흘리며 나뒹구는 부하를 구하기 위해서는 직접 지뢰밭에 들어가서 병사를 업고 나왔어요. 소대장이나 중대장이 지뢰밭에 들어가도 감동받을 터인데요. 그는 대대장이었습니다. 게다가 부상병이 흑인이었죠. 당시 백인 대대장이 흑인 사병을 위해 지뢰밭에 직접 들어갔다는 것 자체는 모두에게 충격이었습니다. 생명을 담보로 한 용기와 사랑에 부하들이 그를 어떻게 생각할 것인지는 굳이 말할 필요가 없습니다.

 코로나19로 인해 2년을 미뤘던 부흥회가 잡혔는데요. 이틀 전 아내가 확진됐습니다. 자가 키트 결과는 음성이었지만 며칠 후 양성이 뜰 확률은 대단히 높아 보였죠. 사정을 설명하면 연기하자고 할 것이라 예상했지만 담임목사님은 선임 장로님과 상의를 할 터이니 잠시 기다려 달라고 했습니다. 몇 분 후 답이 아닌 질문이 돌아왔습니다. "백신 3차 접종을 했느냐?" "지금 열은 나지 않느냐?" 하시기에 그렇다고 했더니 그럼 집회를 하자고 했습니다.

 거절할 수도 피할 수도 없었어요. 제가 결정할 일이 아니었기에 몇 분에게 기도를 부탁하고 출발했습니다. 주일 밤부터 시작하는 집회는 피로도가 큽니다. 과거에 에너지 관리를 잘못해서 몸살로 아쉬움을 남겼던 기억을 지울 수 없었던 터라 주의를 기울였는데요. 코로나 감염 가능성이란 창까지 열려 있었기에 긴장은 배가 됐습니다. 첫날 밤 집회를 마치고 숙소에 들어와 샤워를 하고 나니 탈것을 제공하신 장로님의 문자가 저를 기다립니다.

 "프런트에 해열 진통제 놓고 갑니다."

해석이 필요했어요. '약 먹고 숙면을 취해서 미리 예방을 하라는 건가?' 아니면 '혹 열이 나도 내색하지 말고 이 약 먹고 집회를 끝내란 건가?'

피곤이 몰려와 프런트에 가지 못하고 이내 잠이 들었는데요. 깊은 잠에서 깨어나 새벽 집회를 가며 물었습니다.

"장로님, 해열 진통제 누가 준비해 주신 겁니까?"
"선임 장로님입니다."
"약을 주시면서 무슨 말씀을 하시던가요?"
"아니요. 별말씀 없이 그냥 강사님 드리라고 하셨는데요."

진통제를 '무한 충성'으로 읽고 해열제는 '집회 완주'로 해석했습니다.

되레 은혜를 받고 왔어요. 약 11년 전, 예배당 건축할 때 당회원 중에 건축에 관한 지식을 가진 분이 없었답니다. 선임 장로님은 고위 공무원으로 정년이 2년 남은 때였는데요. 퇴임하고 건축위원장을 맡아 충성을 다하셨답니다. 그걸로 끝이 아니었어요. 입당 후 장로님 부부는 월요일 새벽기도를 마치면 교회 각층 화장실 청소를 하시는데요. 무려 11년간 계속됐습니다. 예배당이 입당 3년 정도로만 보였던 이유를 알았습니다. 본당, 계단 높이, 썼던 자재는 하나하나 감동이었죠. 더 놀라운 것은 선임 장로님이 첫날 저녁 식사를 대접하셨는데요. 코로나 양성의 가능성이 있는 강사와 함께하는 식사라니, 모르드개의 절박한 강권에 "죽으면 죽으리이다."라고 고백한 에스더가 생각났습니다. 이런 상황이라면 부흥회를 연기하는 게 보편적인 지혜라 생각했는데요. 코로나로 인하여 지치고 예배에서 멀어진 교회를 깨우고 싶으셨던 절실함이 느껴졌습니다. "걸리면 걸리리다."라는 결단으로 위험을 감수하더라도 길어진 코로나 뒤에 숨고 싶지 않으셨던 것 같았어요. 무모한 리더십이 아니라 모든 성도가 마스크를 쓰고 집회에 참석하기에 감염 확률도 계산하셨을 겁니다. 이렇게 헌신적이고 수준 높은 장로님이 계시면 담임목사가 좀 피곤할 수 있겠다는 생각을 잠시 했지만 담임목사님은 장로님을 존경하고 동행하는 목회를 하셨습니다. 겸손과 본질로 무장하고 성서를 이해하고 깊은 묵상으로 얻은 깨달음을 나눠주셨습니다. 모르드개와 에스더처럼 두 분은 통찰과 행동의 모범을 보이셨어요. 왜 오라 하는지 왜 가야 하는지 의심했지만 '순종'을 통해 코로나 중에도 교회가 부흥하는 비결을 배우게 하셨습니다.

희생 먼저, 열매 다음 영웅은 필요 없다

하나님의 패턴이 있는데요. 고난 뒤 영광, 죽음 뒤 부활, 희생 먼저 열매 다음입니다. 내려간 그 길이 주님 가신 골고다 길은 아니었지만 집회를 열고 기다리며 함께 했던 길이 그분들께는 희생의 길이었습니다.

팀 켈러는 "참된 사랑은 어떤 희생을 치르더라도 사랑하는 대상의 필요를 채워주는 것"이라고 했습니다. 주님의 몸 된 교회, 건물만 사랑하는 것이 아니라 성도를 사랑하고 영적인 갈급함까지도 채워주려는 지극함을 배웠답니다. 영웅은 필요 없습니다. 희생, 오직 희생이 필요할 뿐입니다.

생각노트 Thinking Note

생각 1. 당신이 만난 희생의 고수는 누구이고 그의 희생은 어떤 이야기인가요?

생각 2. 위에서 나눈 이야기 중에 가장 감동적인 이야기는 무엇이며 감동의 이유는 무엇인가요?

생각 3. 당신에게 예수님의 십자가는 어떤 의미인가요?

생각 4. 당신이 희생의 수준을 높이기 위해서는 무엇을 어떻게 할 것인가요?

리더십 노트 3

리더십의 비언어적 요소

아내의 무심한 몸짓에 마음 상했던 적이 있었는데요. 어떤 의도가 담긴 것이 아니었지만 불쾌했습니다. 느낌을 말하며 정중하게 부탁했더니 의도를 담은 게 아니었다며 변명하지 않고 "그렇게 느낀다면 주의할게요."라고 하더니 반복하지 않았습니다. 부부 사이의 작은 일이 감정싸움으로 치닫는 경우가 허다합니다. 느낌이 아닌 평가, 부탁이 아닌 강요일 때가 그렇습니다. 부부 싸움은 여타 싸움보다는 해결이 쉬운 편인데요. 그 외의 관계에서는 작은 일이 시발점이 되어 공동체를 무너뜨리는 경우도 비일비재하죠. 의외의 작은 불협화음이 돌이킬 수 없는 삼류 막장드라마를 쓰기도 합니다.

아리스토텔레스는 인간을 '정치적 동물'이라고 했어요. "인간은 개인으로서 존재하지만 개인이 홀로 존재하는 것이 아니라 끊임없이 타인과의 관계 속에서 존재한다."라고 했습니다. 그가

『수사학』에서 강조한 설득의 3대 요소는 에토스(인품·인격), 파토스(감성), 로고스(이성)인데요. 중요도를 에토스 60%, 파토스 30%, 로고스 10%로 봅니다. 화자의 인격이나 능력에 의심이 가는데 말을 잘한다고 설득이 되는 게 아닙니다. 입증된 사실보다 믿고 싶어 하는 사실에 더 이끌린답니다. 정치 선거에서 매니페스토만이 전부가 아닌 이유입니다.

미국의 심리학자 앨버트 메라비언은 1971년 『Silent Messages』를 통해 한 사람이 상대방에게 메시지를 전달할 때 가장 많은 비중을 차지하는 것이 비언어적 요소라고 했습니다. 비언어가 의미 전달의 93%의 중요도를 가진다고 했는데요. "사람들은 상대에 대한 호감도를 결정할 때 상대가 하는 이야기의 내용보다 음성이나 시각 요소를 더 중요시한다고 했습니다. 한 사람이 상대방으로부터 받는 이미지는 시각(몸짓) 55%, 청각(음색, 목소리, 억양) 38%, 언어(내용) 7%라는 게 메라비언의 법칙(The Law of Mehrabian)입니다. "감정에 가장 효과적으로 호소하기 위해서는 메시지(verbal), 음성(voice), 시각 요소(visual)를 모두 '일치'시켜야 한다. 이 3V가 일치하지 않으면, 사람들은 혼란을 일으키기 시작하며, 내용보다 시각적 요소를 더 믿게 되는 것이다."라고 했습니다.

후배와 유럽에 갔을 때 호텔방 샤워기가 고장 났습니다. 나가는 길에 유창하지 않은 영어로 말하려고 머릿속에서 문장을 다듬는데 1초를 못 참은 후배가 '손가락으로 비가 내리는 흉내를 내고 입에선 샤워기 물소리를 내고 손목으로 엑스 자'를 그었더니 바로 알아들었습니다. 단지 영어 단어를 몇 자 섞었을 뿐입니다.

로고스교회를 개척하고 3년 만에 예배당을 건축했을 때였는데요. 가장 힘든 시기였죠. 안양 모 교회에 부흥 강사로 초청을 받아 갔습니다. 통합한 교회여서 분위기가 좀 딱딱했어요. 말씀을 전하는데 여기저기서 눈물을 훔칩니다. 감정에 호소한 것도 아니었죠. 사막학교를 통과하는 청중에게 무한 공감과 위로가 됐나 봅니다. 그렇다고 건축 중 겪은 고난을 재구성해서 펼쳐놓은 것도 아니었어요. 그냥 통한 겁니다. 연 중 한두 주, 설교 원고와 씨름하다 불충분한 채로, 혹은 마음을 비우고 성령님의 도우심을 천 배나 더 구하며 단에 섰을 때 역대급 설교란 응원에 놀라지 않아도 되는 이유는 설교자의 비언어적 메시지가 전해진 겁니다. 성령님을 어느 때보다 간절히 의지했기에 그분이 역사하신 겁니다. 허나 그 맛을 일반화시키면 이단입니다.

금요일 밤이 되면 한 주간을 단거리 선수처럼 달려온 터라 피로가 온몸을 누릅니다. 금요일 기도회는 찬양 30분, 설교 25분, 찬양과 기도회 30분으로 진행하는데요. "준비 찬양은 없다. 모든 찬양이 예배이다." "불가피한 지각은 있을 수 있지만 습관적인 지각은 나쁜 성격과 다름없다. 이런 사람은 하나님도, 사람도 쓰기 어렵다."라고 가르쳤는데요. 어느 날 제가 하나님이 쓰기 어려운 사람의 자리에 섰습니다. 30분이나 지각을 했습니다. 예배자가 아닌 프로 강사였어요. 성도님이나 목회자들이 어떻게 느꼈을까요. 아무리 푼푼한 아량으로 덮는다 한들 덕이 안 되는 일이었습니다.

무언의 메시지를
일체의 비결로

성도가 설교에 은혜를 못 받는다면 책임의 전부가 설교자의 몫은 아닐 텐데요. 성도의 영적인 상태에 따라 들리는 것도 다를 겁니다. 그럼에도 설교자는 책임의식을 가지고 정진해야 합니다. 대한민국 최고 설교가의 베스트 설교문을 그대로 차용해도 은혜가 다 같지 않은 것은 로고스의 문제가 아니라 에토스의 문제이기 때문입니다. 설교를 거부하는 게 아니라 설교자를 거부하는 건데요. 목소리는 타고나지만 다듬을 수는 있습니다. 설교 내용도 중요하지만 목소리가 신경질적이거나 냉소가 담겼다면 받아들이기 힘듭니다. 해서 메라비언은 "목소리가 인품이요, 성품이다. 전화 목소리를 들어보면 인간성을 알 수 있다. 단어 선택, 어순, 강약이 다 한순간에 나온다."라고 했습니다.

그래서일까요. 사업이나 목회를 잘하는 사람의 목소리는 명료하면서도 정감과 친절이 담겨 있습니다. 첫 통화 10초면 상대가 친절한지 권위적인지, 우울한지, 비굴한지 느낌이 옵니다. 느리면 거만하게, 빠르면 약장사처럼 보입니다. 외적 언어가 아닌 몸의 언어입니다. 리더는 작은 태도 하나라도 점검하고 다듬습니다. 무릎 꿇고 제자의 발을 씻기신 주님의 무언의 메시지를 일체의 비결로 배웁니다.

생각노트 Thinking Note

생각 1. 누군가의 비언어적인 요소로 인해 상처를 입은 기억이 있다면 구체적으로 말씀해 주세요.

생각 2. 당신 주위에 비언어적 요소의 가치를 잘 아는 품격 있는 사람은 누구이고 그에게 배울 점은 무엇인가요?

생각 3. 당신이 부족함을 느끼고 겸손하게 진행했던 일 중에 좋은 평가를 얻은 경험과 그때 당신의 느낌을 말씀해 주세요.

생각 4. 당신은 비언어적인 요소의 중요성과 가치를 알고 있나요? 그렇다면 앞으로 어떤 부분에서 자신을 변화시키고 달라져야겠다고 생각하나요?

리더십 노트 4

리더의 오늘, 그리고 내일

　김난도 교수를 필두로 서울대 소비 트렌드 분석센터는 매년 대한민국의 10가지 소비 트렌드를 읽어 냅니다. 2021년은 소띠 해에 맞춰 'COWBOY HERO(카우보이 히어로)'란 키워드로 소비 트렌드를 예측했는데요. 팬데믹 위기에 대응하는 전략을 고심했습니다. 첫 번째 키워드가 '브이 노믹스(Coming of V-nomics)'입니다. 바이러스(Virus)의 첫 영문자 '브이'에서 시작한 단어로 '바이러스가 바꿨거나, 바꾸게 될 경제'란 뜻입니다. 국내 경기는 케이(K) 자형 양극화를 그릴 것으로 예상했고 업종별로 다양한 모습을 보일 것이라 전망했죠. 교회도 코로나19의 직격탄을 비껴가진 못했습니다.

　「트렌드 코리아 2023」에선 'RABBIT JUMP_웅크렸던 토끼가 더 높이 뛴다. 도약하라!'라고 했습니다. '평균 실종'과 '오피스 빅뱅'으로 관계, 일터, 나이, 공간... 모든 것이 재정의 된다고 했어요. 정체성, 철학, 현재에 대한 이해도 부족한데 트렌드는 빠르게 변화합니다.

세바스찬 융거는 『퍼펙트 스톰』에서 북대서양의 세 가지 평범한 폭풍이 만나게 되면, 개별적인 기상 현상을 뛰어넘어 파괴력이 폭발적으로 커지는 현상을 설명했습니다. 지금 한국 교회는 퍼펙트 스톰에 직면했다고 봅니다. '쇠퇴기'에 '코로나19'를 맞았습니다. 서로 손을 잡아도 살아남기 힘든데 '리더십 흔들기'란 세 번째 폭풍까지 더해 예상보다 큰 위기입니다. 코로나19로 인해 출석, 재적, 헌금이 주는 것이 일반이거늘 리더십을 향한 압박이 가해진다면 퍼펙트 스톰의 결정적 조건까지 충족된 겁니다.

친구가 담임목사로 부임한 지 6년, 공동의회 준비 당회에서 한 분이 질문을 하셨답니다.

"목사님이 부임하셔서 지난 6년 동안 마이너스 성장을 했습니다. 이 점 어떻게 생각하시나요?"

"저도 책임감을 가지고 고민 중입니다. 역량 부족을 느낍니다. 기도해 주십시오."라고 답을 냈으면 좋았을 텐데요.

"장로님이 6년간 전도한 사람은 몇 명입니까?" "교회 부흥이 안 된 게 모두 제 책임입니까?" "재정은 늘었습니다." "재적의 허수를 정리했고 약간의 출석 인원이 줄었을 뿐입니다."

 맞는 말이었지만 언성이 높아졌고 사퇴 압력까지 받는데요. 지금은 버티는 중이랍니다. 질문을 낸 분의 의도도 문제지만 친구의 대응은 더 지혜롭지 못했습니다.

 제가 담임하는 교회도 1년간 재적이 줄었어요. 출석률도 대한민국 평균치입니다. 하지만 사무총회 준비를 위한 당회가 은혜롭게 끝났습니다. 그 이유는 당회원이 성숙한 공동 책임의식을 가졌기 때문입니다. 몇 년 전에는 예산 대비 결산이 마이너스 10퍼센트였죠. 장로님 두 분이 사업의 어려움으로 자신의 십일조가 줄었다며 내년에는 열심을 내겠다고 하셨습니다.

 책임론이란 세 번째 폭풍이 이미 와 있다면 위기를 극복할 리더십이 요구됩니다. 데이터를 가지고 접근하지만 실상은 리더에 대한 이의제기입니다. 불평과 불만을 온 마음으로 받아 녹여내는 게 리더의 첫 번째 걸음인데요. 정당하고 합리적인 이유라 하더라도 설득하려 하면 되레 궁색한 변명이 되고 맙니다. 감정적인 충돌이 생기면 잃을 게 훨씬 더 큰데요. 상한 마음을 달래려 지지자 그룹을 찾으면 잠시 위로를 얻겠지만 공동체는 파멸의 길로 가기 일쑤입니다. 공동체는 양극단으로 치닫고 폭풍의 눈은 리더의 심장을 겨눕니다.

해서, 오늘 의제를 상정합니다.

버려야 할 것, 시작할 것, 그리고 책임

"교회 성장을 위해 내가 버려야 할 것과 당장 시작해야 할 것은 무엇일까?" "리더와 리더 그룹, 나아가 교회의 연대감과 공동 책임의식은 어떻게 만들어 갈 것인가?" "서로를 향한 칭찬과 격려를 담은 축복의 말은 어떤 게 있을까?" "행복한 교회 아름다운 사람들이 되려면 각자의 책임은 무엇인가?"

주님은 여자와 아이를 뺀 오천 명이 모인 빈 들에서 "너희가 먹을 것을 주어라."라고 하셨는데요. 주님께서는 사십일 금식 후 자신을 위해서는 떡을 만들지 않았으나 이들을 위해서는 떡을 만드셨죠. 주님은 자신을 위해 능력을 쓰지 않고 인류 구원을 위해 쓰셨기에 우리는 지금도 주님을 따릅니다. 가르침이 교리가 아닌 삶이 교리였습니다. 가르침을 삶으로 증명하셨습니다.

리더는 건설적인 제안을 하나님의 음성으로 듣고 아파하며 성장의 길을 모색해야 합니다. 리더가 아프고 성도가 덜 아플 수 있다면 기꺼이 아파해야 합니다. 리더가 아파하는 것과 리더를 아프게 하는 것은 다릅니다. 리더와 교회는 더 늦기 전에 제로섬 게임을 멈추고 각자의 책임에 집중해야 합니다. 교회가 교회의 책임, 리더 그룹이 각자의 책임에 집중할 때 하나님은 교회를 향한 하나님의 책임을 다하실 겁니다. 교회의 'V'자 회복은 쉬운 일이 아니지만 미래가 그리 절망적이지만은 않습니다.

생각노트 Thinking Note

생각 1. 최근 당신이 들은 말 중에 가장 감정을 상하게 했던 말은 누구에게 들은 어떤 말인가요?

생각 2. 당신은 그 말에 어떻게 반응했나요? 되돌아온 것은 무엇이었나요?

생각 3. 지인 중에 경우에 합당한 말을 잘하는 사람은 누구이며 내용은 무엇인지 구체적인 예를 들어 말씀해 주세요.

생각 4. 당신이 앞으로 듣게 될 말은 어떤 말일 것 같은가요? 예상 질문 몇 가지를 만들어 보고 그 말에 어떻게 반응할지 적어보세요.

리더십 노트 5

리더의 행복할 자유와 지혜

   그는 매일 새벽 4시에 일어나는데요. 정오까지 업무를 봅니다. 직업을 떠올리면 필경 목회자로 보일 텐데요. 오후에는 운동, 음악 감상, 영화를 보거나 책을 읽습니다. 저녁에는 가끔 술을 마시며 오후 10시에 잠을 청합니다.

   수십 년째 기계처럼 꾸준한 일상을 반복하는 이 사람은 누구일까요? 성공한 CEO를 떠올릴 수도 있을 텐데요. 지난 1천 년간 일본 최고의 문인이라는 평가를 받았습니다. 2015년에는 타임지가 선정한 세계에서 가장 영향력 있는 인물 100인에 이름을 올렸습니다. 무라카미 하루키입니다. 예술가는 자유로운 영혼으로 살다가 감이 올 때 몰입하는 사람으로 이해하기 쉬운데요. 하루키는 자신을 "천재가 아니라서 재능보다 규칙과 단련을 믿는다"라고 말했습니다. 판에 박힌 그의 삶에 과연 자유가 있는 걸까요?

지금은 소천하셨는데요. 대한민국에서 존경받는 목회자를 꼽으라면 빠지지 않는 분입니다. 청빈, 인격, 설교와 인간관계에서 목회자의 표본이셨죠. 노년에 곁을 지킨 분에 따르면 민망할 정도로 무언가에 빠지셨답니다. 가끔 욕도 섞으셨고요. 동안 억눌렀던 본능이 그런 식으로 드러난 것이라 해석합니다.

하버드대학교 의과대학 심리학 교수 수전 데이비드(Susan David) 박사가 성인 7만 명을 조사했는데요. 대상자 중 3분의 1은 슬픔이나 비애와 같은 감정을 느끼면 자책감이 든답니다. "항상 기뻐하라."라는 말씀을 알기에 기독교인의 슬픔과 비애는 자책감이 더 깊을 겁니다. 그는 「감정이라는 무기」에서 모든 감정은 분명 이유와 쓸모가 있다고 했는데요. 어떤 감정이 생길 때 그것을 억누르거나 억압하면 쌓였다가 언젠가 폭발한다고 했습니다. 해소되지 않고 지속되는 감정보류는 병이 됩니다.
"거북한 감정을 억지로 지워버리거나 긍정적인 확신이나 합리화로 덮어버리려는 시도를 중단하면 감정은 우리에게 소중한 교훈을 제시한다. 내면의 감정과 외면의 선택권의 차이를 분명히 인식하면서 동시에 정면으로 바라볼 때 인생은 보다 의미 있고 살 만하며 즐거워질 가능성이 높아진다. 더 폭넓은 여러 가능성을 염두에 두고서 중요한 의사결정을 내릴 수 있다."

리더가 행복할 욕구를 포기한다면 칭찬받아야 할 일일까요?

존경받는 삶, 십자가의 길을 위한 희생이 자발적인 선택이라면 박수받아 마땅할 텐데요. 교회의 무언의 압력과 시스템에 의해 강요받았다면 테이블에 올려야 할 테제(thesis)입니다. 행복의 욕구를 무조건 억누르고 청빈, 금욕으로 무장한 리더를 가진 공동체가 과연 건강할까요? 행복감과 열등감이 이유와 쓸모가 있는 감정이란 말에 동의하나요? 동의한다면 열등감은 하나님이 임재하실 마음의 공간, 행복감은 천국에서 누릴 기쁨의 예고편으로 읽습니다. 두 감정을 다 긍정적인 감정으로 볼 수는 없지만 관점과 이해도에 따라 결과는 둘 다 긍정적일 수 있습니다.

리더의 행복을 논하며 바울의 지혜를 빌립니다. 공동체가 아직 수용할 수 없는 수준의 것이라면 말하지 않고 누립니다. 누군가 문제를 제기한 게 비판을 위한 비판이라면 부드럽게 넘기지요. 믿음이 연약한 사람이 시험에 든다면 당장 버리고요. 리더는 누구에게도 속하지 않은 자유의 몸이지만 모두의 종입니다. 모든 것을 누릴 자유가 있지만 모든 것을 누릴 수 없는 게 현실이지요. 모든 것을 포기하고 공동체를 위해 살 수 있지만 언젠가 터질 시한폭탄을 안은 거예요. 누리지 못한 것은 그늘로 남지요. 누릴 것을 누릴 용기와 자유는 리더를 더 아름답게 합니다. 어차피 누릴 수 없는 행복과 자유라면 또한 불편해하지 말아야겠죠. 주님의 종이기를 기뻐한다면 그분 안에서 진정한 자유를 누리는 것으로 족합니다.

만족유예와 행복할 자유

하루는 충분히 만족 유예의 시간을 훈련하고 쇼핑을 갔습니다. 제 것만 사러 갔죠. 쇼핑몰에 도착했는데 식구의 눈이 한 것에 한참 고정됐어요. 기꺼이 기쁜 마음으로 사 주고 돌아서는데 약간 허했지요. 예전 같으면 제 행복은 유예한 채로 그냥 돌아왔을 텐데요. 행복한 리더가 건강하기에 되돌아서 구입했답니다. 그러면 안 되는 것은 어떤 경우라도 안 되지만 그래도 되는 것까지 하지 않았을 때 자기 의나 섭섭 마귀의 표적이 된다는 것을 이제 겨우 압니다. 그날 산 게 뭔지 궁금하시죠. 말씀드리면 웃으실 텐데요. 누군가에겐 별것일 수도, 별것 아닐 수도 있겠네요.

오늘은 무라카미 하루키를 만나 「노르웨이의 숲」을 쓸 때 지불한 대가와 쓴맛을 느끼고 싶습니다. 출간했을 때의 기쁨과 자유를 제 몸에 채우고 싶습니다. 주님도 때로는 우셨어요. 성전에서 장사하는 자의 상을 뒤집으셨습니다. 하나님도 분노하고 인내하셨습니다. 모든 감정은 하나님이 창조하신 겁니다. 슬픔, 갈망, 그리움, 행복감을 충분히 느끼고 표출하는 것은 자신에게도 함께하는 사람과 공동체에도 이롭습니다. 리더의 행복할 자유에 지혜가 담기면 리더와 공동체는 행복합니다.

생각노트 Thinking Note

생각 1. 당신이 리더라면 공동체를 위해 당장 버려야 할 것은 무엇인가요?

생각 2. 당신이 정당한 행복을 유예함으로 인해 받은 스트레스나 잘못된 타이밍에 폭발한 경험이 있다면 말씀해 주세요.

생각 3. 당신이 행복하고 건강한 사람이 되기 위해 당신에게 투자해야 할 작은 것, 당장 시작할 것을 말씀해 주세요.

생각 4. 당신이 구성원의 과도한 기대로 인해 유예한 행복은 무엇이고 해결하기 위해 발휘해야 할 지혜는 무엇이며 어떻게 할 것인가요?

리더십 노트 6

리더의 에너지 발전소

독일에서 활동하는 철학자 한병철 교수는 『피로사회』에서 자본주의가 세련되게 진화하면서 '규율사회'에서 '성과사회'로 패러다임이 전환됐다고 말합니다. 진화한 자본주의를 사는 현대인은 '할 수 있다'는 과도한 긍정에 뿌리박은 성과주의의 주체가 되어 과거보다 훨씬 효과, 효율, 그리고 자발적으로 자신을 착취한다고 합니다.

한동안 마틴 셀리그만의 긍정의 심리학을 재해석한 긍정의 신학이 키워드가 됐는데요. "내게 능력 주시는 자 안에서 내가 모든 것을 할 수 있다."라는 말씀은 그리스도인에게 가장 사랑받는 구호였죠. 해서, 크리스천은 훨씬 더 피곤한 삶을 스스로 강제하기도 했습니다.

전력 사용량이 공급량을 초과해서 대규모 정전사태에 이르는 것이 블랙아웃인데요. 일단 블랙아웃이 되면 천문학적인 경제 손실은 물론 국가 멈춤 사태가 발생할 수 있습니다. 사람의 신체, 정서, 영혼도 블랙아웃이 생기는데요. 에너지가 고갈될 때입니다. 몸과 정서가 위험 신호를 보내는데도 무시하면 일시에 멈춤으로 곤혹스러운데요. 영적인 블랙아웃은 개인, 가정, 공동체를 통째로 날려 버리기도 합니다.

　열정과 일중독은 구별하기가 쉽지 않습니다. 가난, 실패, 고통, 열등감은 열정이란 가면을 쓰고 일중독으로 유혹하지요. 초기에는 큰 성과를 내지만 정상에 서면 숨은 그림자가 얼굴을 내밀고 얼토당토않은 일로 넘어지기 일쑤입니다. 엘리야는 850인의 우상 숭배자와의 영적인 전쟁에서 승리했지만 이세벨의 한마디에 무너졌죠. 담대했던 영적인 리더가 초라하기 그지없는 자리까지 내려갔어요. 말이 기적이지 까마귀가 물어다 주는 것을 먹고 생명을 부지해야 했습니다. 하나님께 "내 생명을 취하소서"라는 끔찍한 말까지 합니다.

　영성의 블랙아웃을 막으려면 에너지를 고갈시키는 주범을 가려내야 하는데요. 원하지 않는 일, 만나기 싫은 사람과의 피할 수 없는 관계입니다. 고객의 과도한 기대, 무례한 사람, 일중독 성향, 마지막으로 자기 의입니다. 고갈된 에너지를 채우고 일상을 회복하기까지는 오랜 시간이 걸리는데요. 고갈되기 전에 충전을 해야만 일상이 유지됩니다.

　에너지를 충전하는 비결을 꼽자면 첫째, 적당한 휴식과 운동입니다. 둘째, 건강한 가족관계인데요. 때론 가족이 에너지를 고갈시키는 주범이기도 하지만 사랑의 돌봄과 나눔은 최고의 에너지 충전 요소입니다. 셋째, 은사에 합당한 일입니다. 넷째는 건강한 취미와 여가활동입니다. 특히 리더는 무엇을 할 때 가장 행복한지 자신에게 묻고 그 한 가지는 누리는 것이 좋습니다. 누군가 당신에게 당신의 취미 활동이 정서와 문화에 맞지 않는다고 말한다면, 그 즐거움을 포기함으로 더 많은 영혼이 실족할 것이라 부드럽게 말해주는 용기도 필요합니다. 빌 하이벨스 목사는 정기적으로 정신과 의사를 만났는데요. 의사는 빌이 지친 것을 알았어요. 빌의 기억에서 가장 행복한 순간이 언제인지를 물었는데요. 어릴 때 아버지와 요트를 즐겼던 일이었습니다. 의사는 요트를 권했죠. 빌은 "제가 요트를 하면 내일 지역 조간신문에 범선을 샀다고 실릴걸요."라며 고개를 젓습니다. 의사는 요트를 함으로 잃는 사람보다 요트를 하지 않아서 잃는 사람이 더 많을 거라며 선택의 몫을 넘겼고, 빌은 정기적으로 요트를 탑니다.

　마지막으로 가장 중요한 것은 하나님과의 친밀감입니다. 말씀묵상과 기도, 글쓰기를 추천합니다. 독서와 달리 글을 쓴다면 이미 무엇인가를 이루고 있다는 증거인데요. 쓴 글을 모아 누구에게 읽히지 않을 책이라도 한 권 출간하면 지식 저장고와 에너지 발전소가 얼마나 비었는지 알게 되죠. 한걸음 뒤에서 영적인 상태와 하나님과의 거리가 어떠한지 객관적으로 보입니다. 무엇이 문제인지 알아야 무엇으로 언제 어떻게 채워야 할지를 압니다. 혹자는 영성보다 몸이 먼저라고 하는데요. 몸이 건강해야 기도, 예배, 독서, 섬김을 할 수 있다는 논리입니다. 무엇이 우위랄 것 없이 통섭의 관점으로 이해하면 보약입니다.

충전을 위한
원칙들을 지켜나가는 것이
우선순위

  자신의 내면을 관찰하고 에너지 충전을 위한 원칙들을 지켜나가는 것은 경건에 이르는 습관만큼이나 반복을 필요로 하는데요. 탁월한 리더는 충전을 위한 원칙을 지켜나가는 것이 우선순위인 것을 알지요. 리더의 에너지는 공동체와 구성원의 에너지 원동력이기 때문입니다.

생각노트 Thinking Note

생각 1. 당신의 에너지 레벨(최하 1~최고 10)은 몇이라고 생각하나요? 그렇게 생각하는 이유는 무엇인가요?

생각 2. 당신이 아는 사람 중에 에너지 관리를 잘하는 사람은 누구이며 그에게 배울 점은 무엇인가요?

생각 3. 당신의 에너지 도둑은 누구이며 무엇인가요?

생각 4. 당신의 에너지 발전소가 당신의 육체와 정신을 힘차게 구동하기 위해 a. 버려야 할 것, b. 줄여야 할 것, c. 늘려야 할 것, d. 통합해야 할 것, e. 당장 시작해야 할 것은 무엇인가요?

리더십 노트 7

리더의 회복탄력성

장맛비가 세차게 내리는 6월 하순, 후배가 무거운 걸음으로 찾아왔습니다. "선배님, 하나님이 기뻐하실 일을 사람이 막기도 하네요. 저 목회 그만하려고요." 의연하게 회복 중이라 생각했는데 시간이 더 필요해 보였습니다.

한 분은 재무 담당 직원의 금융 조작으로 몇 억 손실을 봤답니다. 사고 친 사람이 조카였는데요. 유흥비로 탕진해서 회수할 돈도 없고 법적인 조치를 취하자니 누님이 걸린답니다. 직장인은 어느 날 권고사직을 받기도 하죠. 사업장의 마이너스가 늘어도 폐업조차 쉽지 않답니다. 내일 아침 눈을 뜨지 않았으면 좋겠다는 생각까지 합니다.

"흔들리지 않고 피는 꽃이 어디 있으랴/이 세상 그 어떤 아름다운 꽃들도/다 흔들리면서 피웠나니"

시인은 도전을 성장과 성숙을 위한 필수 과정으로 읽었어요. 흔들리지 않고 피는 꽃이 없듯이 흔들리지 않는 리더는 없습니다. 정도와 내성의 개인차만 있을 뿐이에요. 길어지면 하나님이 나를 버리신 것 같습니다. 성공 가도를 달리는 사람을 보면 왠지 더 초라해집니다.

성공하는 사람에 관한 사회과학적 연구는 가설, 연구 방법, 학자에 따라 결과도 다양합니다. 반론도 제법이고요. 최근까지 지지를 받은 유의미한 연구사례를 소개합니다. 1950년대 하와이 군도 북서쪽 끝에 위치한 카우아이 섬은 인구 3만 명에 불과했습니다. 지독한 가난과 질병 때문에 주민 대다수가 범죄자, 정신질환자였어요. 아이들을 위한 교육도 제대로 이뤄지지 않았죠. 심리학자 에미 워너는 인간관계와 사회적 환경의 중요성을 파악하기 위해 1955년에 태어난 833명을 대상으로 어른이 될 때까지 대규모 종단연구 프로젝트를 진행했는데요. 결과는 예상을 크게 빗나가지 않았습니다. 833명 중에서도 가장 열악한 환경에서 자란 201명의 고위험군 가운데 72명을 주목했습니다. 열악한 환경에서도 아무런 문제도 일으키지 않고 모범적으로 성장했기 때문이죠. 공통점은 그들 곁에는 입장을 이해, 지지해 주는 사람이 적어도 한 명 이상 있었습니다. 연구자는 '원만한 인간관계'야말로 '회복탄력성'의 핵심이라고 분석했습니다.

회복탄력성 지수는 7가지 요소로 구성됩니다. 감정 통제력, 충동 통제력, 낙관성, 원인 분석력, 공감능력, 자기효능감, 적극적 도전성입니다. 회복탄력성 지수가 높을수록 목회나 인생에서 도전, 장애, 실패, 가정불화, 부당한 대우를 딛고 일어날 확률이 매우 높습니다.

로고스교회 설립 후 25년간 지금의 재적 성도보다 떠난 성도가 더 많습니다. 때마다 한 번도 아프지 않은 적이 없었어요. 두 번의 교회 개척과 네 번의 건축 가운데 시험과 영적인 침체는 반복됐습니다. 베개가 젖도록 울어봤고 초기 우울증과 불면증을 앓았죠. 혼자라는 느낌은 더 무서웠습니다. 예배당과 기도원이 로뎀나무 아래였는데 제게는 까마귀도 보이지 않았습니다. 역경과 시련으로 더 강해졌지만 도전은 여전히 진행형인데요. 살아남은 게 은혜입니다.

리더는 다양한 도전에 직면합니다. 때론 선전포고도 없이 전쟁으로 확산되기도 합니다. 도전이나 전쟁을 피할 수 있다면 좋겠지만 아예 없기를 기대한다면 성장은 없습니다. 이겨내려면 회복탄력성을 높여야 합니다.

저의 비결은 첫째, 개척 후 6년간 매주 금요일이면 기도원에 간 것입니다. 기도원에서 하나님과 기도의 씨름을 하기도 하고 영적인 공급을 통해 쓰라린 속을 채우기도 했습니다. 하나님의 침묵이 이어질 때는 쉼, 말씀묵상, 기도, 독서와 글쓰기로 버텼습니다. 성령의 임재와 치유를 경험했죠. 둘째, 사람을 통해 위로를 주셨는데요. 아내는 제가 우울하고 힘들 때면 전폭적인 지지를 보내주었습니다. 멘토의 관심과 가르침도 절묘했어요. 성도 중에 천사도 심어 놓으셨습니다. 성도님을 통해 받은 사랑은 표현할 수 없는 위로를 주었습니다. 교회를 개척한 친구들의 공감도 빼놓을 수 없습니다. 배우고 따르겠다는 후배와 동역자들은 오늘날까지 든든한 지원군이자 아군입니다. 셋째, 혼자만의 시간과 건전한 취미활동입니다. 개인적인 시간은 자신을 객관화하고 사고의 전환을 가능하게 했지요. 적절한 여가는 체력을 키우고 정신을 환기시킵니다. 넷째, 하루 열 가지 감사 고백 쓰기였습니다. 감사 고백을 통해 보이지 않았던 눈이 열리고 은혜를 아는 겸손의 마음을 갖게 됩니다. 감사는 하늘 문을 여는 믿음의 열쇠입니다.

사랑은
회복탄력성의 필요충분조건

모든 리더는 언젠가는 눈물의 정량을 채웁니다. 눈물이 피눈물이 아닌 성장의 필수 자양분으로 보이면 관점이 구원받습니다. 고통은 양약이 되지요. 하나님은 공평하십니다. 이 고백의 가치를 알면 회복은 어렵지 않습니다. 도전, 고통, 상실, 아픔을 숨기면 죽는데요. 혼자면 죽습니다. 혼자만 겪는 것처럼 속이는 게 사탄인데요. 아프다고 말해야 천사가 움직입니다. 나만이 아닌 누구나의 몫이라고 인정하면 마음이나 대응이 달라지지요. 고통의 정량은 줄지 않지만 회복탄력성의 지수가 높아져 이겨내기 쉬워집니다. 문제나 상황이 작아지는 게 아니라 내가 커지는 겁니다. 일상과 사역의 상처나 도전은 우리가 선택할 수 없지만 어떻게 반응할지 선택하는 것은 자유입니다. 자유를 포기하지 마십시오. 도전을 걸어오는 자를 이기려 하면 패자가 되고 사랑하면 승자가 될 테니까. 리더에겐 날마다, 순간마다 회복탄력성이 필요합니다. 사랑은 회복탄력성의 필요충분조건입니다. 그 사랑이 리더를 살립니다.

생각노트 Thinking Note

생각 1. 당신의 삶에 가장 선한 영향력을 끼친 사람은 누구이며 그 이유는 무엇인가요?

생각 2. 카우아이 섬에서의 연구 결과가 당신에게 주는 의미는 무엇인가요?

생각 3. 지인 중에 회복탄력성이 가장 높아 보이는 사람은 누구이며 그에게 배울 점은 무엇인가요?

생각 4. 당신의 회복 탄력성은 높이기 위해 당신의 삶에 적용해야 할 것은 무엇이며 언제 어떻게 적용할 것인가요?

리더십 노트 8

리더의 지식 저장고

존 맥스웰은 『리더십의 21가지 불변의 법칙』 제1장에서 '수준의 법칙'을 말합니다. "리더십의 능력이 그 삶의 결과를 결정한다." 사람마다 의식, 인격, 지성, 관계, 능력, 역량, 영성의 수준이 다릅니다.

"건강을 생각한다면 담배를 피우세요." 1950년대 이전까지만 해도 애연가가 아닌 의사들이 한 말인데요. 환자에게 흡연 처방도 했는데요. 건강의 적으로 변하기까지 10년이면 충분했어요. 지구는 평평하지 않았고 명왕성은 2006년 전까지는 태양계 행성이었습니다. 인간의 체세포 염색체 수도 1956년 46개로 판명되기 전까지 48개였어요. 고전물리학 법칙을 무너뜨린 상대성 이론도 마찬가집니다. 적포도주의 효용에 대한 논쟁도 진행형입니다. 몇 년 전 파리의 한 연구팀이 지난 50여 년 간경변과

간염 분야에서 발표된 500여 건의 논문을 분석했더니 이 중 절반이 오류이거나 낡은 지식으로 판명됐습니다.

요한계시록의 집필 시기는 기원후 60년~70년으로 봤는데요. 네로 황제의 기독교 박해와 유대독립전쟁 진압으로 예루살렘 멸망에 선행하는 기원후 65년~75년으로 수정했습니다. 90년대 이후에는 "로마 제국 황제를 신으로 섬겨야 한다."라고 선포하여 제국을 황제숭배신앙으로 통일하려 했던 도미티아누스 시대인 91년~96년 사이로 봅니다.

30년 전 성서비평학을 배우기 전 성서에 관한 이해는 개인 큐티 수준이었어요. 성서의 역사적 배경과 사실성, 양식과 문학적인 요소, 저자가 사용한 자료, 자료의 편집구조, 수사학 등을 비평하는 학술적인 읽기 방법은 성서를 성서 되게 합니다. 하나님을 하나님 되게 하려는 목적이지요. 하지만 성서를 비평에 대상에 올렸다고 저항도 꽤 컸습니다. 성서비평학이 학문적인 공헌도 컸지만 성서비평학에 대한 비판도 귀담아들어야 할 겁니다.

새뮤얼 아브스만은 「지식의 반감기」에서 어떤 분야의 지식도 지수함수적으로 붕괴한다고 했는데요. 일부는 틀린 게 아니라 새 지식이 낡은 지식을 대체한답니다. 분야별 지식의 반감기는 물리학 13년, 경제학 9년, 수학 9년, 심리학 7년, 역사학 7년, 종교학 9년이라고 했습니다.

종교의 보수성을 생각할 때 종교학 9년이라는 통계가 놀라울 것은 없지만 과학기술의 발달로 인해 지식 반감기가 급격히 짧아지고 있는 추세를 감안한다면 다행히 덜 부지런해도 될 것 같은 안도를 주는 수치입니다. 하지만 새로운 지식에 대한 습득 능력을 키워야 하는데도 불구하고 게으름으로 일관한다면 얼마 지나지 않아 바닥이 드러나게 될 겁니다. 어떤 목사님에 대한 지인의 구시렁댔던 몇 마디가 떠나질 않는데요.

"우리 목사님은 무슨 주제로 설교해도 결론은 '성령, 기도, 말씀'입니다. 끝은 항상 똑같아요. 성서 속으로 들어가지도 않고 목사님 철학과 3급 자료로 정체성 없는 비빔밥을 만듭니다."

그분이 로고스교회 성도가 아닌 게 다행입니다.

영성은 지성, 인격, 능력, 리더십의 총합인데요. 지식이 일천하거나 반감기를 지났다면 구성원은 한숨과 의리로 리더의 퇴장만을 기다립니다. 구약에서 백성의 타락으로 들어가 보면 뿌리는 하나님을 아는 지식의 결여인데요. 목회자에게는 신학의 부재인 셈이죠. 하나님을 아는 지식은 하나님을 경험하는 삶을 포함합니다. 경험해도 하나님을 아는 지식이 부족하면 하나님 아닌 하나님을 경험하는 꼴입니다.

석사 논문을 쓰고 나니 책 고르는 법을 배웠습니다. 박사 논문 심사를 마치니 책을 쓰기 위해 겨우 구도 잡는 법을 배웠답니다. '글쓰기 수업'은 후로도 지금까지 계속합니다. 구슬이 서 말이어도 꿰어야 보배인데요. 글쓰기를 통해 정리, 저장, 활용이 가능하지요. 정보 수집, 관리, 활용에 따라 미래가 달라진다는 말은 빌게이츠가 했습니다. 예수님을 아는 지식에서 자라가라고 했던 베드로를 통해서 주시는 말씀을 심비에 새겨야 합니다.

비결은
시스템을 먼저 만드는 것

지식 반감기를 겸허하게 인정한다면 10년에 한 번은 대학에 입학해야 할 터인데 쉽지 않지요. 인정하고 지식 저장고를 채우려면 '학습광 기질, 무한 학습'을 해야 합니다. 기본은 독서의 습관화인데요. 작은 습관 하나 만들려 해도 오랜 시간과 고통을 비용으로 지불합니다. 비용을 줄일 수 있는 비결은 시스템을 먼저 만드는 겁니다. 시스템은 함께, 조직적으로, 실행계획을 세워야 하는데요. 감독과 평가를 통한 재설계까지를 포함합니다. 독서 시간 정하기, 함께 읽기, 서평 나누기, 토론, 상벌을 정하면 좋습니다. 혼자 할 수밖에 없다면 '자기 결박 계약서'를 써서 공표하고 상벌을 정한 후 처절히 몸부림쳐야 합니다.

배운 것으로 10년을 버틸 수 있지만 오늘 채우지 않으면 10년

후 버림받을 수밖에 없지요. 지식 저장고를 열면 차고 넘쳐서 터져 나오기를 기대하는 건 현실과 동떨어진 이상이라 단정하고 값싼 위로 속으로 숨기 십상인데요. 이 유혹을 물리쳐야 합니다. 지식 저장고가 비어 가는 것은 직무유기인데요. 지식의 반감기에 맞닥뜨리기까지 고통을 느낄 수 없지만 느껴지면 늦어도 너무 늦은 것입니다. '너무 늦은 때란 없다'라는 말이 이런 경우에 해당하는 건 아니에요. 너무 늦은 겁니다. 저장고를 채우면 보상이 따르지요. 혹 눈에 보이는 보상이 없더라도 채우는 여정이 보상입니다.

생각노트 Thinking Note

생각 1. 당신의 전공분야 지식 저장고는 몇 퍼센트나 채워졌다고 생각하나요?

생각 2. 당신이 전공분야의 지식 반감기를 인정하고 최근 10년간 보충한 게 있다면 무엇이며 어떻게 채우셨나요?

생각 3. 당신 주변에 학습광 기질을 가진 사람은 누구이며 그에게 배울 것은 무엇인가요?

생각 4. 당신에게 더 필요한 지식은 어떤 분야이고 어떻게 확장할 것인가요?

리더십 노트 9

리더와 트렌드, 그리고

"나 하나 먹을 때 남자 친구는 2~3개씩 먹는데… 처음 연애 시작할 때는 반반씩 하는 게 좋다고 생각했는데 데이트 통장 괜히 만들었나 싶어요."

무슨 말인지 이해가 되십니까? 한참을 생각했습니다. 연인이 데이트를 시작했어요. 더치페이가 어색하고 한쪽이 일방적으로 데이트 비용을 쓰는 것도 부담스러운 거예요. 데이트 통장을 만들어서 공동비용을 입금하고 같이 쓰는 게 트렌드라고 하네요. 그런데 말입니다. 남자 친구가 두 배로 많이 먹어서 공평하지 않다고 생각하고 이내 그게 손해라는 생각이 든 겁니다. 어떻게 생각하십니까?

연말이 되면 한 해를 회고하고 미래의 전망을 다룬 책이 서점의 베스트셀러 코너를 채우는데요. 맨 앞자리엔 이번에도 기대를 저버리지 않고 16년을 이어온 김난도 교수와 서울대 소비트렌드 분석센터의 전망을 엮은 「트렌드 코리아」가 자리했습니다. 매해 10글자로 그 해의 트렌드를 분석하는데요. 「트렌드 코리아 2022」의 타이틀 키워드는 'TIGER OR CAT'였어요. 소위 '위드 코로나' 혹은 '포스트 코로나' 시대가 열리는 기점에서 '호랑이가 될 것인가 고양이가 될 것인가?' 기로에 섰다는 것을 말해줍니다.

연말이면 조직이나 공동체는 신년 계획을 세웁니다. 잘한 것은 강화하고 버릴 것은 버리겠죠. 늘릴 것, 줄일 것, 통합할 것을 찾습니다. 변수를 예측하고 대안도 준비할 텐데요. 기업이 트렌드를 무시하거나 잘못 읽으면 브랜드 가치는 급락합니다. 트렌드를 예측한다는 것은 길을 잃지 않기 위해서인데요. 누군가가 트렌드를 무시하고 하나님과만 직통한다고 하면 괴팍한 리더가 될 거예요. 목회에 이용하기 위해 트렌드를 공부한다면 동기의 순수성이 결여된 삯꾼 목자일 테지요. 알지만 사사로이 이용하지 않고 기술을 쓸 수 있지만 절제하는 게 좋습니다. 그렇다면 굳이 트렌드를 알 필요가 있을까요? 답하자면 하나님의 사람은 시대의 예언자로 부름 받았기에 트렌드를 읽어야 합니다. 트렌드를 읽으면 리더십의 고착을 막아 줍니다. 본질은 잊지 않고 피보팅(pivoting)을 통해 생명력을 유지합니다. 위기를 예측하고 방어 계획을 세워야 미래를 위해 한 걸음 나아갈 수 있습니다.

피보팅의 1단계는 임기응변인데요. 살아남기 위한 대응 수준이지요. 코로나19 팬데믹에서 개혁교회는 온라인 예배로의 전환과 온라인 목회 시스템 구축에 비교적 잘 적응했습니다. 2단계는 체질 개선인데요. 말처럼 쉽지 않습니다. 변화에 배타적인 그룹을 꼽자면 공무원, 학교, 종교집단이라던데요. 디지털 경험을 강화하는 쪽으로 체질을 개선하는 것은 선택이 아닌 필수입니다. 교회는 이미 메타버스(metaverse)에서 노아의 방주를 체험할 수도 있습니다. '가상세계'라는 신조어와 막연한 거부감으로 도래한 가상공간을 외면한다고 될 일이 아닙니다. 낯설긴 하지만 거대담론을 통해 길을 내지 않는다면 미래세대를 놓치게 됩니다. 3단계가 사업 재편인데요. 목회자는 사역 재편, 성도는 삶의 질서 재편, 리더는 해체와 재구성을 서둘러야 합니다. 메타버스를 통한 신앙교육을 수용하기가 어렵지는 않겠지만 '메타버스 교회'에 대한 신학적인 논의와 결론을 도출함으로 혼란을 막아야 합니다.

이미 영상, 온라인, 유튜브, 쌍방향 소통, 메타버스의 시대가 열렸는데요. 가상현실 치료도 시작됐습니다. 햅틱(Haptic, 컴퓨터의 기능 가운데 촉각과 힘, 운동감 등을 느끼게 하는 기술) 같은 재현 기술로 혼합 현실을 만들어 외상 후 스트레스 증후

군, 공포증, 통증, 알코올 중독을 치료합니다.

루터의 종교개혁 이후 코로나19 팬데믹으로 한국교회의 개혁은 선택이 아닌 숙명으로 떠올랐습니다. "우리를 죽이지 못하는 것은 우리를 더 강하게 만든다"라는 니체의 말이 조지프 슘페터(Joseph Alois Schumpeter)의 '창조적 파괴'를 빌린다면 되레 코로나19는 혁신하기 가장 좋은 때입니다.

코로나19 팬데믹으로 약 1만 개의 교회가 폐쇄됐다고 하는데요. 이대로 시간이 더 가면 작은 교회는 훨씬 심각한 위기를 맞이할 겁니다. 늦기 전에 머리를 맞대고 길을 찾아야 할 텐데요. 코로나가 변혁을 강제했기에 적응하는 리더십은 살아남습니다. 막연한 거부반응은 변화를 싫어하는 게으름일 뿐입니다. 자동차를 보급화 했는데 말발굽을 만들어 놓고 시장 어귀에서 잘 팔리게 해 달라고 기도하는 어리석음은 범하지 말아야 하겠습니다.

트렌드 분석은 '길 찾기'

내러티브가 힘을 발휘하려면 로고스의 차원을 넘어 뮈토스를 공략해야 한다고 하는데요. 로고스가 논리와 합리성에 호소한다면 뮈토스는 감정과 상징에 어필합니다. 이성과 진리의 언어인 로고스와 달리 뮈토스는 아득한 과거의 집단적 기억을 소환하는 언어입니다. 본능적으로 로고스보다는 뮈토스에 더 끌립니다. 이성과 진리를 포기하자는 게 아니라 진리를 확실하게 전하기 위해 트렌드를 넘어 이야기, 이야기를 넘어 상징을 그려줘야 할 때입니다.

 헌신 없는 헌신예배를 격려와 응원을 담은 리더십 축제로 재구성하면 어떨까요? 특별하지 않은 특새를 특별한 기대감이 충족되는 특새, 관례로 진행되는 직원 세미나에 외부 강사 대신 내부 간증자를 세워 섬김을 나눠보는 겁니다. 다시 불타오를 것을 확신합니다. 더 늦기 전에 미래세대를 위한 교육 전문가와 예산을 편성해야 합니다. 위기 상황에서 사람이 사람의 책임을 다하면 하나님도 우리를 향한 하나님의 책임을 다하십니다. 양극화 현상을 막을 수는 없어도 간극을 줄이고 속도를 늦추며 함께 사는 길을 찾을 수는 있습니다.

생각노트 Thinking Note

생각 1. 당신이 트렌드를 이해하지 못해 당혹스러웠던 적은 언제이며 무엇에 관한 것이었나요?

생각 2. 당신 주위에 트렌드를 잘 읽고 미래를 개척하는 사람은 누구이며 그에게 배울 점은 무엇인가요?

생각 3. 당신이 고착되지 않기 위해 '창조적 파괴'를 해야 할 부분은 무엇이고 어떻게 할 것인가요?

생각 4. 당신이 함께하는 사람(직원) 또는 고객의 미래 욕구를 파악하기 위해 개선해야 할 것은 무엇이고 어떻게 할 것인가요?

리더십 노트 10

리더십은 모든 것이다

 야구팀이 승리를 하려면 가장 중요한 게 무엇일까요? 맞습니다. 좋은 선수입니다. 미국 메이저리그 프로야구의 작은 팀 오클랜드 어슬레틱스(Oakland Athletics)에 빌리 빈이 단장으로 부임했습니다. 뉴욕 양키스나 보스턴 레드삭스와 같이 규모가 크지 않았기에 예산도 작을 수밖에 없었죠. 빌리는 최고의 올스타 선수를 사 올 수 없었습니다. 승리를 향한 간절함은 남들이 보지 못한 걸 봅니다. 메이저리그 팀 중에서 '세이버매트릭스'를 최초로 활용합니다. '출루율'이 높은 선수를 사 왔어요. 2002년 오클랜드는 아메리칸리그 최다 20연승으로 미국의 여름을 달궜습니다. 이 감동 스토리를 마이클 루이스(Michael Lewis)는 저서 『머니볼(Moneyball)』에 담아냈습니다. 빌리 빈 덕분에 '머니볼'은 이제 대부분의 야구팀에서 사용합니다.

같은 해였습니다. 히딩크 감독이 이끄는 대한민국 축구 국가대표팀이 월드컵에 나섰죠. 아시아 최초로 4강 신화를 씁니다. 히딩크에 가려 빛을 보지 못했던 작고 왜소한 몸을 가진 한국인 수석 코치를 기억하시나요. 박항서입니다. 17년이 지나 베트남에 간 그를 누구도 주목하지 않았어요. 베트남 축구팀을 동아시안컵에서 우승으로 이끌어 세상을 놀라게 했습니다.

리더는 시대, 사람, 문화, 역사를 탓하지 않습니다. 열정, 지혜, 간절함으로 승리를 이뤄내지요. 성공의 결과와 보상은 반드시 구성원에게 돌립니다. 승리하는 리더는 결핍을 기회로 봅니다. 관점이 다르지요. 누구도 보지 못한 것을 봅니다. 빌리 빈은 출루율이었고 히딩크는 체력이었죠. 한국 축구가 유럽 팀에 비해 기술과 체격에서 밀리는데 단기간에 끌어올릴 수 없다는 걸 알았습니다. 단기 처방전으로 체력 훈련에 집중했어요. 박항서 감독은 성격이 급하고 세련된 화술이나 처세술에 약했습니다. 그래서 'B급'이란 평가가 늘 따라다녔는데요. 촌놈의 뚝심과 진정성이 베트남에서 마음으로 통했습니다. 박항서는 'B급'이 어떻게 '특 A급'이 됐는지 보여줍니다. 그것은 공감과 소통입니다.

피터 드러커는 "세상 모든 리더십은 비영리 법인 대표에게 배우라"고 했는데요. 교회는 비영리 법인 중에서 가장 복잡하고 신비한 공동체입니다. 여타 공동체에는 구성원의 입회를 위한 최소한의 자격과 요건이 있습니다. 교회는 그럴 수 없습니다. 구성원을 특정할 수 없어요. 해서, 갈등이 생기면 해결의 실마리를 찾기가 어렵습니다. 다양해도 너무 다양한 처방전이 난무하지요. 세상은 밤새 싸우고 새벽에는 잠이라도 듭니다. 교회는 밤새 싸우고 새벽에 기도하고 새 힘 받아서 더 열렬히 싸웁니다. 진영이 나뉘고 나름 주의 영광을 위한 '거룩한 전쟁'을 치릅니다.

갈등과 분열의 책임은 리더의 몫이지만 리더십을 교체하기도 쉽지 않습니다. 바꾸려다 헤어 나오기 구렁텅이에 빠지기 일쑤입니다.

느헤미야가 52일 만에 예루살렘 성벽을 재건 후, 단호한 종교개혁을 단행했어요. 마치고는 페르시아로 돌아갔습니다. 이스라엘은 며칠이 안 돼 대적 도비야를 위한 공간을 성전에 만들고 그를 들입니다. 상상이 안 가는 대목인데 피할 수 없는 사실이었어요. 리더십의 부재는 혼란과 타락으로 이어지지요. 그는 돌아와서 단호한 개혁을 단행합니다.

리더십은
모든 것이다

'리더십은 모든 것이다.' 명제에 동의합니다. 가정, 교회, 국가에서 리더십을 대신할 것은 어떤 것도 없습니다. 주님의 제자훈련도 영적인 리더를 세우기 위함이었어요. 존 맥스웰은 '공동체는 리더의 수준 이상으로 자라지 않는다.'라고 했습니다. 지구촌에 존재하는 어떤 공동체보다 더 교회는 리더십이 중요합니다. 리더가 리더십을 생각할 때입니다. 리더십이 영향력입니다. 하루아침에 주어지지 않죠. 리더에게는 책임만 있고 권리는 없습니다.

생각노트 Thinking Note

생각 1. 당신은 '리더십이 모든 것이다'라는 명제에 동의하시나요? 동의한다면 그 이유를 말씀해 주세요.

생각 2. 당신의 리더십의 롤 모델은 누구이며 그에게 배울 것은 무엇인가요?

생각 3. 리더십의 가치를 모르고 어려움을 겪는 사람은 누구이며 그 이유는 무엇이라고 생각하나요?

생각 4. 당신의 리더십을 위해 단 한 가지만 실행에 옮긴다면 어떤 영역의 무엇인가요?

Leadership Note Chapter 2

사실, 정의, 모두에 사랑을 더하다

리더십 노트 11

리더의 슬픔에 관하여

한 후배가 전화를 했는데요. '목회자가 우울증과 공황장애를 겪는다'는 말을 이해 못 했는데 필자의 글을 읽고 이제는 이해할 것 같다고 했습니다. 짐작건대 리더의 행복할 자유를 침해하는 비본질적인 요구에 힘이 드는 모양샙니다. 사랑하는 분이라 마음이 시렸습니다.

"하나님이 슬픔의 감정을 창조하신 목적이 무엇일까요?"

애니메이션 회사 〈픽사〉가 만든 작품 중 역대 최고 수익을 낸 영화는 〈인사이드 아웃〉인데요. 명작이나 대표작은 작가나 감독의 역사적 체험이나 직접 경험이 모티브가 될 확률이 높습니다. 2010년 피트 닥터(Pete Docter)는 사춘기 소녀의 종잡을 수 없는 감정을 소재로 애니메이션을 만들기로 결정합니다.

주역으로 몇 가지 감정을 놓고 고심한 끝에 '소심이(Fear)'를 '기쁨이(Joy)'와 함께 중심 캐릭터로 정했어요. 초기 시놉시스는 기쁨이가 소심이에게 큰 교훈을 얻는 것이었죠. 하지만 소심이를 중심으로 극을 이끌어 가기엔 매력도 영향력도 부족했습니다. 영화 작업은 3년이 다 되도록 진척이 없었죠. 감독은 〈몬스터 주식회사〉라는 대작을 낸 후라 차기작에 대한 부담까지 더해져 슬럼프에 빠집니다. 자신의 한계라는 생각에 회사를 그만두려고 할 때 슬픔과 절망이 덮쳐왔어요. 슬픔이 커질수록 그동안 함께한 동료에 대한 고마움과 사랑이 사무치게 다가왔습니다. '사람과 사람을 이어주는 감정은 기쁨보다는 슬픔이 아닐까?'라는 생각에 슬픔이를 주인공으로 대본을 다시 썼고 그렇게 애니메이션 영화 〈인사이드 아웃〉이 탄생합니다.

어려움에 직면한 사람을 도울 때와 상을 타거나 맛있는 음식을 먹을 때에 똑같은 뇌 영역이 자극된다고 합니다. 우울증을 앓는 사람은 다른 사람보다 연민과 공감의 감정이 깊은 사람이고요. 공감력이 높은 사람은 슬픈 음악을 즐기는 경향이 비교적 높은 편이었답니다.

"왜 슬픈 노래를 들으면 마음이 치유되는 것 같은 느낌을 받는 걸까요?"

수전 케인(Susan Cain)은 "나는 평생 슬픈 음악에 강한 반응을 보였다. 슬픈 음악은 우리를 잠시 슬프게 하지만 다시 용기를 내고 일어설 힘을 선물한다. 슬픈 음악을 들으며 나의 슬픔은 나만의 것이 아니라 모든 자의 것임을 깨달으며 회복이 시작된다."라고 했습니다.

음악 재생 목록에서 기쁜 노래가 약 175번 반복될 때 슬픈 노래는 800번 정도 듣는 것으로 조사됐습니다. 행복한 노래는 듣는 사람에게 행복감을 줍니다. 슬픈 노래는 '연결된 느낌'과 '충만한 느낌'을 선사합니다.

17%의 필요조건은 슬픔

에드 디너(Ed Diener)는 미국과 세계 곳곳의 최상류층에서 극빈층까지 다양한 표본 사례연구의 결과를 「모나리자 미소의 법칙」으로 출간했는데요. "83퍼센트만 행복하라."라고 했습니다. 레오나르도 다 빈치의 작품 〈모나리자〉를 컴퓨터로 분석했더니 기쁨, 만족 같은 감정이 83% 정도였습니다. 두려움과 분노가 섞인 부정적 감정은 17%였어요. 모나리자의 미소는 활짝 웃는 것도 찌푸린 것도 아닌데요. 그녀의 미소는 83%의 기쁨과 17%의 슬픔이 조화를 이뤘습니다. 모나리자의 미소가 널리 사랑받는 이유는 기쁨이 천박하지 않고 슬픔이 어둡지 않아서입니다. 이 책의 원제목은 「행복-그 심리적 부의 비밀을 드러내다」인데요. 슬픔과 두려움을 17% 가진 사람이 삶의 여러 영역에서 잘 지내고 있음을 보여줍니다.

1~10의 수준을 정하고 행복 설문을 작성하게 했을 때 약 8점의 행복 점수를 받은 사람이 20년 뒤 가장 많이 성취했는데요. 8점을 받은 이들이 경제 수입, 교육 수준도 높았지만 9, 10점의 표본보다 성취도가 높은 이유가 뭘까요. 8점 자들은 행복이 주는 창의성과 활력에서 이익을 얻으면서도 약간의 걱정과 위기 때문에 동기부여가 지속되는 것으로 해석했습니다.

연구자는 행복을 '주관적인 안녕감'이라고 정의하는데요. 행복이란 개인이 처한 객관적 상황보다 주관적으로 어떻게 평가하고 무엇이 중요하다고 여기는가의 문제로 봅니다. 주관적 안녕감에는 직장, 건강, 관계 등 삶의 중요 영역에 대해 스스로 내리는 평가와 삶에 대한 만족도가 담겼습니다.

리더의 고독과 슬픔은 숙명입니다. 리더의 연봉에는 고독과 슬픔의 값이 포함된 거예요. 슬픔을 겪은 리더는 슬픔 당한 구성원과 공감하지요. 하나님과 인간을 연결시켜 준 것은 주님의 죽음입니다. 슬픔이 죽음보다 강할 수는 없습니다. 리더의 우울감은 피할 수 없지만 최상의 아름다운 미소를 위한 필요조건으로 해석할 수는 있지요. 항상 기뻐할 수 없어도 항상 기뻐해야 합니다. 항상 슬플 수도 있지만 슬픔의 가치와 의미를 생각할 때 기뻐할 수 있습니다. 주님도 때로는 슬퍼하셨습니다. 울기도 하셨습니다.

오늘의 눈물을 부끄럽게도 불편하게도 여기지 않는 당신이 '영적인 부자'입니다. 이 또한 과정의 하나로 지나갑니다. 당신의 미소가 영원히 완벽에는 이르지 못한다 한들 17%의 슬픔과 함께 주님의 아름다움을 완성할 수는 있습니다.

생각노트 Thinking Note

생각 1. 당신의 삶에서 가장 큰 고통과 슬픔의 순간은 언제였으며 무슨 이유인가요?

생각 2. 당신의 고통에 가장 큰 위로와 도움을 준 사람, 책, 사건은 무엇이고 그 이유는 무엇인가요?

생각 3. 위로를 경험한 후 고통을 보는 당신의 관점은 어떻게 달라졌나요?

생각 4. 주님도 때로는 울기도 하셨는데 당신은 주님의 눈물을 생각할 때 어떤 위로를 받나요?

리더십 노트 12

럭셔리 예수, 럭셔리 리더

　김지수 기자는 이어령 박사가 고인이 되기 전 열여섯 번의 인터뷰를 묶어 「이어령의 마지막 수업」을 펴냈는데요. 박사께 질문을 냈습니다.

　"선생님, 럭셔리한 삶이 뭘까요?"

　"럭셔리한 삶… 나는 소유로 럭셔리를 판단하지 않아. 가장 부유한 삶은 이야기가 있는 삶이라네. '스토리텔링을 얼마나 갖고 있느냐?'가 그 사람의 럭셔리지."

　"값비싼 물건이 아니고요?"

　"(놀라며) 아니야. 똑같은 시간을 살아도 이야깃거리가 없는 사람은 산 게 아니야. 스토리텔링이 럭셔리한 인생을 만들어."

　책을 놓지 못하고 긴 호흡으로 읽어 가는데 한 문장 한 문장이 숨을 멎게 하고 가슴에 꽂힙니다. 고 이어령 박사가 항암 치료를 받지 않고 버텨낸 정신과 신앙도 감동인데요. 삶과 마인드가 주는 울림에 눈물을 쉼표 삼아 읽었습니다. 한 여대 신입생 오리엔테이션을 마치고 주차장에서 마주친 학생이 "선생님 죽지 마세요."라고 한 말에 적절한 답을 내지 못해 후회했던 진술함에는 인간미가 넘쳤습니다. 시대의 지성이 남긴 글은 여지없이 나 자신을 돌아보고 배우게 합니다.

　베르너 티키 퀴스텐마허는 「럭셔리 예수」에서 질문에 답을 냈는데요.

　"무엇이 진정한 행복이고 럭셔리한 삶인가?"

　예수의 섬김과 나눔을 말합니다. 주님의 사명 선언은 "양으로 생명을 얻게 하고 더 풍성히 얻게 하는 것"이었습니다. 양에게 생명과 더 풍성한 생명을 주기 위해 대속 제물이 되셨습니다. 예수의 삶이 교리가 됐는데요. 삶과 죽음은 전 인류에게 존재와 가치에 대한 수많은 스토리텔링을 남겼습니다.
　섬기는 교회는 대신교회 지교회로 세워졌는데요. 개척 후원

금도 귀하지만 3년간 지원받은 생활비가 오늘이 있게 한 중요한 요인 중 하나입니다. 받은 사랑이 커서인지 지난 25년간 함께한 사역자가 개척이나 담임으로 나갈 때 징검다리 하나는 놓아주었는데요. 사례가 늘어나니 제법 탄탄한 스토리가 만들어져 갑니다. 하지만 럭셔리한 교회라고 말하지 않겠습니다. 자신의 입으로 말하고 자랑하는 순간 감동이 사라지거든요.

스토리로 만들어 입 밖에 내려 하면 없어 보입니다. 스토리는 만드는 게 아니고 만들어집니다. 삶이 스토리가 되는 현장은 성육신의 자리입니다. 주는 자가 아닌 받는 자의 입을 통할 때 힘을 더합니다.

깨달은 게 있는데요. 섬기는 자의 삶만이 럭셔리한 게 아니라 받는 자도 럭셔리한 사람이 될 수 있습니다. 얼마 전 동일한 섬김이 두 교회를 향했는데요. 한 교회는 마감 날 고마움을 담아 전화를 했어요. 한 교회는 아직까지 전화가 없습니다. 감사의 전화를 바라는 게 아닙니다. 그건 그분의 몫이고 섬김은 오직 예수 이름이면 됩니다. 감사 전화를 받지 못해 섭섭한 게 아니라 감사할 줄 모르는 삶이 안타까워 보입니다. 섬김을 받은 자가 빚진 자의 마음으로 작은 섬김이라도 이어간다면 럭셔리한 삶으로 한걸음 다가간 겁니다. 럭셔리한 삶을 향한 마지막 시험은 반응에 반응하지 않고 초월하는 건데요. 그래야 주님이 말씀하신 풍성한 삶에 가까운 겁니다.

홀로 교회를 다니던 어르신이 돌아가셨는데요. 권사님 한 분은 그분이 돌아가신 후에 조의금 들고 가는 게 무슨 의미가 있겠나 싶어 몇 개월 전, 식탁 교제와 함께하는 시간을 가지셨답니다. 그분은 돌아가셨지만 남아있는 사랑과 선물이 스토리로 자라갑니다.

몇 년 전 같은 지방회 목사님의 소천 소식을 듣고 제법 먼 거리를 달려간 선배가 생전에 찾아뵙지 못한 것에 대한 후회를 SNS에 남겼는데요. 진솔한 고백이 주는 깨달음에 감동했었습니다. 그런 후회를 남기지 않으려 결단했지만 후회는 오늘도 계속됩니다.

고 이어령 박사는 럭셔리한 삶에 해설을 붙였습니다.

> "겉으로 번쩍거리는 걸 럭셔리하다고 착각하지만,
> 내면의 빛은 그렇게 번쩍거리지 않아.
> 거꾸로 빛을 감추고 있지.
> 스토리텔링에는 광택이 없다네.
> 하지만 그 자체가 고유한 금광이지."

주님을 닮은 삶이 럭셔리

 결혼 30주년 선물로 남편에게 받은 다이아몬드 반지보다 몇 푼 안 되는 은가락지를 귀하게 여기는 것도 스토리가 담겼기 때문인데요. 기도의 어머니가 임종할 때 다섯 딸 중 선택받아 '네가 기도의 어머니가 돼라.'라는 메시지가 담겼기 때문입니다. 돈으로 다이아몬드 반지를 살 수는 있지만 럭셔리한 삶을 살 수는 없지요. 다이아몬드 반지를 판다고 스토리텔링을 살 수도 없습니다. 없어도 럭셔리한 삶을 사는 리더가 될 수 있는데요. 마음과 시간, 공감과 위로, 사랑과 기도로 섬기는 겁니다. 있다고 럭셔리한 삶을 살고, 나눈다고 럭셔리한 리더가 되는 게 아닙니다. 있다 한들 속 빈 껍데기에 불과하기도 하고 아무리 나눠도 천박한 경우가 허다합니다. 오직 주님의 마음과 이름으로 주님의 죽으심과 부활을 사는 겁니다. 주님을 닮은 리더는 럭셔리 예수를 따라 오늘도 다시 골고다를 오릅니다.

생각노트 Thinking Note

생각 1. 이 장을 읽기 전까지 당신이 이해한 럭셔리에 관한 생각은 무엇이었나요?

생각 2. 당신의 삶에서 럭셔리를 더할 만한 스토리가 있다면 말씀해 주세요.

생각 3. 스토리 없이 럭셔리한 삶에 대한 안타까운 이해 속에서 살아간 사람을 알고 있다면 이유는 무엇이고 무엇을 깨달았나요?

생각 4. 당신이 더 럭셔리한 사람이 되기 위해서는 무엇을 어떻게 할 것인지 말씀해 주세요.

리더십 노트 13

리더와 공감의 힘

마음이 아픈 사람이 너무 많은데요. 아픈 마음이 예기치 않은 끔찍한 상황을 만들어내기도 합니다. 고 임세원 강북삼성병원 정신건강의학과 교수께서 우울증 진료 상담을 받던 환자에게 살해된 소식이 알려지면서 대한민국은 적잖은 충격을 받았습니다. 고인께서 20년간 우울증, 불안장애를 앓는 환자를 치료하고 자살예방을 위해 헌신했는데요. 어진 의사 한 분을 잃는 슬픔을 넘어 진한 멍울을 남겼습니다. 그분의 죽음이 저의 상처를 소환했는데요. 두 번의 교회 개척, 초기엔 개척교회에 꼭 어울리는 분이 등록했습니다. 주님의 이름으로 온 마음과 정성을 다해 섬겼지요. 교회가 성장해서 돌봄의 시간을 분배했어요. 목사가 변했다며 교회를 떠났습니다. '아무리 잘해 줘도 떠날 분은 떠나고 어떤 것도 안 해 줘도 남을 사람은 남는다.'라는 가르침을 늦게 받은 게 속상할 따름인데요. 떠나는 분의 아픔을 공감하지 못하고 되레 상처를 입힌 건 아닌지 미안할 뿐입니다.

　정혜신 박사는 30여 년간 정신과 의사로 활동했는데요. 사회 곳곳에서 벌어지는 트라우마 현장에서 피해자와 함께했습니다. 저서 『당신이 옳다』에서 지금 사회엔 정신과 의사나 심리상담사 등 전문가에 의지하지 않고도 '스스로 치유할 수 있는 치유법'이 시급하다고 진단합니다. 일촉즉발의 상황, 조용히 삶을 마감하려는 사람이 주변에 넘쳐납니다. 코로나 블루로 인해 교회의 존재가치와 사명은 더 분명해졌는데요. 함께함의 위로, 공감의 치유로 교회가 감당해야 할 몫이 큽니다.
　정혜신 박사는 마음 치유에 적정기술을 도입했는데요. 정신과나 상담 센터의 전문가에게 맡길 일이 아니라 일상에서 누구나 서로를 치유할 수 있답니다. 적정심리학은 마음의 고통을 치유해 줄 수 있는 정도만큼의 심리치유법입니다.

　적정심리학의 핵심 키워드는 '나'와 '공감'인데요. 먼저 자기 자신에 대한 집중이 삶의 행복에서 가장 중요합니다. 반면 자기 자신과 다른 존재로 살아가는 사람이 대중의 스타인데요. 저자는 스타를 "너(대중)의 취향에 나를 온전히 맞추는 사람만이 살아남는 생태계에서 최종적으로 살아남은 생존자"로 규정합니다. 스타는 일상에서 누군가의 기대와 욕구에 맞춰 끊임없이 나를 지워갑니다. 자기 소멸의 벼랑 끝에서 SOS를 치는 삶을 사는데요. 3퍼센트만 남은 배터리를 가지고 30퍼센트 힘이 필요한 일을 합니다. 어느 날 정서의 심장이 멈추곤 합니다. 지속적으로 자신을 소거하는 것으로 자기 존재감을 증명하려는 안타까운 사람인데요. '나'와의 공감을 못하고 타인과의 공감만을 신경 쓰다가 의존 반응형의 삶을 살기 십상입니다.

"나는 누구인가요?", "지금, 마음이 어떠세요?"

목회를 하다 보니 정신과 진료 혹은 치유 상담이 필요해 보이는 분이 제법 많은데요. 시간, 비용, 이해의 부족으로 도움을 받지 못할 때가 제법입니다. 교회가 마지막 보루입니다. 보통 사람에게는 CPR(심폐소생술)이나 상비약처럼 일상에서 늘 경험하게 되는 마음의 작은 아픔, 우울증, 죄책감, 냉소에 대해 스스로 혹은 타인에게 적용 가능한 적정심리학이 필요합니다. 정혜신 박사는 적정심리학을 집밥으로 비유하는데요. 배가 고프면 집에서 스스로 끼니를 챙겨 허기를 해결하듯 마음이 아플 때 일일이 전문가의 도움을 찾지 않고도 자가 치유를 할 수 있답니다.

공감은 한 사람의 희생을 바탕으로 해선 안 됩니다. 공감은 너도 있지만 나도 있다는 전제에서 출발하는 감정적 교류인데요. 공감은 나와 상대 모두 자유로워지고 홀가분해지는 황금분할 지점을 찾는 과정입니다. 나와 너의 관계에서 어디까지가

'나'이고 어디부터가 '너'인지 경계를 인식하는 것이 중요한데요. 정서적 호들갑이 아닌 영적인 공감이 필요합니다.

'목회자 독서 모임'에서 정혜신 박사의 책을 읽고 토론을 했는데요. 개척해서 힘겹게 목회하는 후배가 돌아가는 차에서 오열을 했답니다. 교회를 떠나는 '당신은 틀리고 목사인 내가 옳다'고 생각했다는데요. 이젠 나 '뿐 아니라' 당신도 옳다는 공감으로 적정목회를 합니다. 상처 입은 그가 떠나지 않고 함께 한다고 하네요.

공감에서 필요한 것은 적절한 경계를 인식하는 것

코로나 시대에 우울은 싱크홀처럼 찾아오는데요. 존재하지만 사고가 발생할 때까지 드러나지 않습니다. 우울해서 우울한 것은 잘못된 게 아니에요. 모든 인간은 죄인이고 자신과 서로의 죄 때문에 우울한 것은 보편적인 건데요. 주님도 우울한 나를 이해하고 사랑하십니다. 고독, 외로움, 우울감도 하나님이 창조하신 거예요. 인생의 바탕색인 셈이죠. 아픈 마음, 고장 난 마음은 성령께서 임재하실 자리입니다. "그러면 성령께서 실망하신다. 그러면 안 된다."라고 말하는 것은 '충조평판(충고, 조언, 평가, 판단)'인데요. 공감에 역행하지요. 작은 도움도 되지 않고 더 깊은 수렁으로 몰아넣는 꼴입니다.

"당신이 옳다. 당신의 분노, 우울감은 지극히 정상이다."

"그럼에도 불구하고 주님은 당신을 이해하고 사랑하신다."

타인이 보는 내가 아닌 주님이 보는 나로 관점의 구원을 받습니다. 공감과 위로가 필요합니다. '하나님이 사랑하시는 나, 하나뿐인 나, 하나님의 단 하나의 보물'이란 영적인 정체성을 회복하도록 돕는 게 영적인 공감입니다.

> "나는 그에게로 들어가서 그와 함께 먹고, 그는 나와 함께 먹을 것이다"(계 3:20, 새번역)

생각노트 Thinking Note

생각 1. 당신이 최근 공감을 하지 못해서 곤혹을 치른 경험을 나눠주세요.

생각 2. 지금 당신이 칭찬받을 만한 존재임을 인식하고 칭찬받을만한 이유 열 가지를 찾아서 적어보세요.

생각 3. '당신이 옳다'고 지금 말해주어야 할 사람은 누구이고 언제 실행에 옮길 것인가요?

생각 4. '적정심리학'을 당신과 주위 사람에게 구체적으로 적용할 한 가지만 찾아서 글을 쓰고 대화를 나눠보세요.

리더십 노트 14

리더와 인격의 힘

　하버드 경영대학원 교수인 제이 로쉬와 토마스 티어니는 「인재 경영의 기술」에서 리더의 근본 요소를 인격, 판단력, 직관력이라 했는데요. 오늘은 인격의 힘에 관해 이야기하렵니다. 인격이란 무엇인가요. '리더에 대한 개개인의 신뢰'를 말합니다. 인격의 구성요소를 겸손, 유연성, 책임감, 칭찬, 공감, 이해력이라 했습니다.

　새뮤얼 스마일즈는 「인격론」에서 '세상을 움직이는 것은 인격'이라고 강력하게 주장하는데요. 천재성은 항상 감탄을 일으키지만 오랜 시간 그를 따를 순 없습니다. 사람을 변화시키는 것은 인격인데요. 인격은 용기, 자제력, 의무와 진실함, 밝은 성격이라고 합니다. 저자는 인격을 성장하게 하는 중요한 요인 중 하나를 '일'로 봅니다.

교회는 다양한 봉사자가 세워지는데요. 봉사는 주님의 몸 된 교회를 위한 '일'입니다. 베드로의 첫 번째 서신 제4장에 보면 "만물의 마지막이 가까이 왔으니 각각 은사를 받은 대로 선한 청지기 같이 서로 봉사하라."라고 했어요. 주님의 일, 봉사를 통해 교회가 건강하게 세워지지만 봉사자도 일과 함께 성장합니다. 하지만 모든 리더가 일을 통해 성장하지는 않죠. 흔들리지 않고 피는 꽃이 없듯이 시험에 들지 않는 봉사자가 없습니다. 십자가의 복음과 부활의 영광으로 상처를 딛고 선 사람은 '치유자'의 사명을 감당하지만 되레 고립의 동굴로 숨거나 악해지기 쉽습니다.

새뮤얼 스마일즈가 인격의 구성요소로 '변함없는 의무감'을 말하기 전에 주님은 '언약적인 사랑'으로 인류를 덮으셨습니다. 우리가 주님 앞에 어떤 존재가 되던지 회개하면 항상 사랑으로 구원하셨어요. 우리와의 언약을 단 한 번도 어긴 적이 없는 완전한 인격입니다. 때마다 말씀을 붙들고 한 걸음 주님께 더 가까이 가면 인격이 만들어지는데요. 직위는 리더십이 아닌 것 아시죠. 까불면 곤혹을 치릅니다. 어떤 공동체이던지 리더가 부임하면 리더를 저울에 올려 몸무게를 달아봅니다. 그것은 인격과 능력의 무게인데요. 계체량을 통과하면 리더십을 이양합니다.

스티븐 M.R. 코비는 「신뢰의 속도」에서 신뢰를 얻기까지는 오랜 시간과 비용이 들지만 잃는 것은 순간이라고 했는데요. 저자는 부모의 일화를 소개합니다. 아버지는 고속도로에서 어머니와 운전을 교대하다가 미처 뒷좌석에 타기 전에 출발했답니다. 문 닫는 소리가 두 번 나야 하는데 한 번만 듣고 뒷좌석에 타서 쉰다고 생각했다지요. 한 참 지나서 경찰의 도움으로 아내를 만나기까지 아버지는 몰랐습니다. 하마터면 두 분은 이 일로 결혼생활은 큰 위기에 봉착할 뻔했는데요. 아버지는 어머니께 신뢰를 얻기까지 이미 막대한 비용을 지불했던 터라 에피소드 하나로 기억될 뿐이었답니다. 신뢰의 경제학입니다. 가정, 직장, 교회에서 리더가 신뢰를 잃으면 회복까지는 엄청난 비용이 듭니다. 비용을 들여도 회복 안 되는 게 일반인데요. 당회가 신뢰를 잃으면 교회는 길을 잃습니다. 신뢰는 구걸할 수 있는 게 아니에요. 얻기 위해서는 동기의 순수함, 변함없는 의무감, 일관성, 능력, 성과가 필요합니다. 신뢰가 상승하는 속도는 느리지만 감소할 때는 무척 빠릅니다. 로고스교회 개척 10년 까지는 리더에 대한 말 같지 않은 말이 말이 되더군요. 20년이 지나니 말 같지 않은 말은 말이 안 됩니다. 신뢰의 힘인데요. 해서, 지금부터가 더 위험하단 것도 압니다.

인격으로 쌓는 신뢰

인격적인 리더의 길은 이미 유치원에서 배웠습니다. 정직, 솔직 담백합니다. 잘못은 즉시 인정하고 사과하지요. 인정한 잘못이 반복되지 않게 전기 충격기로 자신을 지지는 심정으로 아파하며 기도합니다. 누구를 만나든지 거들먹거리지 않고 주님께 하듯 합니다. 권위는 서푼 어치로 여기고 묵묵히 종의 길을 가더군요. 약속을 철저히 지키고 성과를 냅니다. 현실을 냉혹하게 직시하고 과도한 기대가 아닌 냉정한 평가로 끊임없이 자신을 개선합니다. 교회나 소그룹에서 신뢰할 만한 리더를 만나는 것은 서로에게 축복인데요. 하나님은 사람을 통해서 일하십니다. 신뢰할 만한 인격적인 리더를 통해 주시는 사랑과 말씀에는 능력이 나타납니다.

생각노트 Thinking Note

   생각 1. 당신이 만난 가장 인격적인 사람은 누구이며 그에게 배울 점을 한 가지만 말씀해 주세요.

   생각 2. 당신은 인격의 중요성과 가치를 어떻게 이해하는지 말씀해 주세요.

   생각 3. 용기, 자제력, 의무와 진실함, 밝은 성격 중에서 당신에게 더 필요한 영역은 무엇이고 변화를 위해 어떤 노력을 할 것인가요?

   생각 4. 당신의 인격의 수준을 높이기 위해 실천해야 할 사소한 한 가지는 무엇인가요?

리더십 노트15

리더와 인사관리

　무더위와 인사를 나눈 가을바람이 자리할 즈음이면 몇 통의 전화를 받는데요. 좋은 부목사 소개해 달라는 내용입니다. 마음을 알기에 가볍게 여기지 않고 네트워킹을 활용하는데요. 연결 확률은 그리 높지 않은 편입니다. 작은, 개척, 지방 교회의 동일한 비애 중 하나는 마땅한 동역자를 구하기 어렵다는 건데요. 여건상 앞으로도 크게 달라질 것 같지도 않습니다. 좋은 사역자를 찾기 어렵다면 키워야 하는데요. 시간과 비용을 들여도 어려운 일입니다.

　25년간 로고스교회를 섬기면서 인사 난맥을 경험했는데요. 사전 연락도 없이 주일날 결석한 교육전도사를 찾아 나서기도 했지요. 월리를 찾기보다 어려웠어요. 전화기를 끈 게 아니라 아예 번호를 바꿨더군요. 선임을 보내 어렵사리 찾았는데 기껏 하는 말이라니 "아버지가 권해서 신학을 한 것이지 전 목회할 생각이 없습니다."였습니다. 이런 사람에게 "그럼 그렇다고 전화라도 한 통 해 줘야 하는 것 아니냐?"라는 기대는 미련을 떠는 게죠. 가르치지 않고 그냥 보냈습니다.

개척 초기엔 광고를 내도 이력서 한 통 오지 않았어요. 어렵게 연결이 되면 마음이 급해졌습니다. 그러다 인사철이 지나가 버리면 더 어려울 것 같았어요. 조급함에 눈과 귀가 막혀 평판 수렴 중 완곡어법을 이해하지 못했어요. 모셨다가 고생이 여간 아니었죠. 인사는 아무리 깊고 넓게 검증해도 모자라는 법인데요. 검증도 검증 나름입니다. 인사 담당자는 보이지 않는 것도 보고 들리지 않는 소리도 들어야 하는데요. 이보다 어려운 게 없습니다. 방심은 후회로 돌아왔고 성급한 인사는 고통으로 남았습니다.

교회와 목회자가 서로 맞지 않는다면 양쪽 모두 곤란합니다. 서로가 곤란한 것보다 더 곤란한 것은 불편함을 피하는 거예요. 폭탄 돌리기일 뿐인데요. 언젠가 반드시 터집니다. 이럴 때 믿음과 용기로 무장해야 하지요. 하나님은 어떤 상황에서든 함께 하신다는 믿음입니다. 동역자가 떠난다고 할 때 잡는 것은 약자 코스프레일 뿐이에요. 떠나겠다고 하면 하나님의 섭리로 받아들입니다. 처음에는 참 서럽고 어려웠습니다.

로고스교회의 인사 시스템은 서류심사, 인사 검증, 동역자 면접, 담임목사 면접, 당회 순입니다. 많은 시행착오를 겪으면서 몇 가지 원칙을 세웠습니다.

첫째, 확신이 서지 않으면 미룹니다. 확신이 서도 불량률이 제법인데요. 사람이 없어서 불편한 것이 아무나보다는 낫습니다. 잘못된 인사는 불편을 넘어서 공동체의 고통이기에 미루는 게 좋습니다.

둘째, 잘못된 인사라고 판단하면 신속하게 의사결정을 합니다. 인사 오류의 반복은 리더십에 상당한 부담을 축적하는 건데요. 부담을 감추거나 피하려고 '좋은 이별'을 미루다 보면 잦은 위기에 노출될 뿐 잘못된 선택을 만회하기란 쉽지 않습니다. 사람마다 은사와 재능이 다르죠. 교회마다 DNA가 다른데요. 보냄과 떠남이 합력해서 선을 이루기도 합니다. 2년 만에 로고스를 떠난 동역자가 타 교회에서는 장기 사역을 감당하며 좋은 평가를 받기도 했습니다.

셋째, 찾으며 씨를 뿌립니다. 기다려도 오지 않고 찾아도 찾을 수 없다면 늦은 건데요. 늦을 때가 가장 빠를 때입니다. 이제라도 목회자 후보생을 발굴하고 키워야 합니다. 청년 중에서 찾을 수 없다면 리더십을 갖춘 중년까지 인재풀을 확장합니다.

넷째, 타이밍의 법칙인데요. 개척 초기 저의 설익음이 동역자를 찌르기도 했습니다. 좋은 타이밍에 만나는 게 서로에게 복인데요. 로고스 출신 목회자는 일단 신대원 때나 졸업 후 타 교회에서 사역을 시작하게 합니다. 경험이 쌓이고 서로가 원하면 동역합니다.

다섯째, 함께할 사역자의 패턴을 읽어 냅니다. 자주 이동하는 사역자는 피합니다. 한 사역지에서 풀타임 5년 정도 유경험자를 선호합니다. 죄송하지만 갓 졸업한 사역자는 이상이 과할 수 있어 피하는 편입니다.

여섯째, 쌍방향 평판입니다. 평판이 전부는 아니지만 무시할 수도 없는 노릇인데요. 아무리 잘해 줘도 부정적인 사역자는 불만이 큽니다. 못 해 줘도 건강한 자는 감사를 알죠. 최선의 예우라도 생각과 평가는 상대적이고 주관적입니다. 해서, 성장 과정, 인성, 그의 발자취를 전방위에서 검증합니다. 모시는 교회의 리더십의 인격, 능력, 사례비와 복지, 성장 가능성, 동역자들의 수준이 복합적으로 평판을 만듭니다.

마지막으로 단서 조항입니다. 1년간 함께 사역해보고 서로가 불편하면 솔직하게 의사 표현을 합니다. 상처로 남기지 않고 '좋은 이별'을 하기로 약속합니다. 내가 부족해서 탁월한 자가 떠날 때 좋은 마음으로 보내기는 어렵지만 십자가의 피로 녹여 내지 않으면 주님이 좋은 사람을 보내지 않으십니다. 우연으로 만나는 것 같으나 언제나 주님의 섭리가 있었습니다.

인사의 선순환은 하나님의 축복

 인사의 선순환은 하나님의 축복인데요. 값이 있다면 어떤 대가를 지불해서든 선취하고 싶은 은혜입니다. 하루아침에 찾아오는 게 아니기에 오늘도 눈물로 한 알의 섬김을 심습니다.

생각노트 Thinking Note

생각 1. 당신의 최악의 인사는 누구였으며 무엇을 배웠나요?

생각 2. 당신의 최고의 인사는 누구였으며 무엇을 얻었나요?

생각 3. 잘못된 인사에 어떤 처방전을 냈나요? 망설이다가 구성원을 힘들게 하거나 서두르다가 고통을 당한 경험은 없나요?

생각 4. 당신의 경험을 바탕으로 인사관리 매뉴얼을 작성해 보세요.

리더십 노트 16

리더십 혁신의 법칙

  게리 피사노(Gary P. Pisano)는 기업 혁신, 전략 분야의 세계 최고 석학이자 경제 경영 분야에서 가장 많이 인용되는 논문의 필자인데요. 1988년부터 30년 넘게 하버드 경영대학원에서 가르쳤습니다. 그는 그간 연구한 문제들이 현실에 적용되기를 바라는 마음으로 「혁신의 정석」을 출간했습니다.

  1914년에 에디슨은 "전기자동차가 모든 대도시의 트럭 운송에 보편적으로 사용될 것이며 미래의 가족 운송 수단이 될 것"이라고 예견했어요. 헨리 포드는 현재 가치로 약 369억 원을 전기차에 투자했습니다. 둘은 결과를 보진 못했지만 테슬라의 일론 머스크가 성공한 이유는 다양한 혁신을 거듭한 때문입니다.
  세계 선교역사에서 유례를 찾기 힘든 부흥을 이룩한 한국교회가 쇠퇴 일로를 걷습니다. 원인은 교회의 세속화, 사유화, 병리적인 요소, 배타성 외에도 다양한 요인이 있습니다. 코로나19로 인해 더 어려워졌습니다. 정부 방역수칙보다 더 철저히 사회적 책임을 다하는 교회가 다수인데요. 그럼에도 이단, 기독교에서 파생한 이익집단, 개념 없는 몇 교회의 부주의로 신뢰는 바닥을 칩니다. 개혁교회의 태생은 가톨릭의 전통, 의식, 중앙집권식 제도와 타락으로부터의 개혁이었죠. 복음의 본질을 회복하고 종교 권력화를 막기 위해 교파의 권력을 개교회로 분산했는데요. 코로나19 위기 상황에서 한 목소리를 내지 못했어요. 가톨릭보다 적절하게 대응하지 못한 게 사실입니다. 위기에는 강력한 리더십이 요구되지요. 통일된 방역수칙 준수는 찾을 길 없었어요. 통제 불가능한 개혁교회의 민낯이 드러났습니다. 교회를 버린 민심에 십자가의 복음을 심으려면 신뢰 회복을 위한 지난한 과정이 필요해 보입니다. 세상이 교회를 버린 것보다 교회가 교회 되지 못한 이유로 주님의 침묵기가 암흑기로 이어질까 더 두렵습니다.

 게리 피사노는 혁신기업의 특징으로 첫째, 실패에 대한 인내 이면의 무능에 대한 무관용, 둘째, 수평적이지만 강한 리더십, 셋째, 협업과 책임감, 넷째, 존중 이면의 거침없는 솔직함을 제시합니다.
 기업은 수익, 교회는 하나님 나라를 구합니다. 기업보다 더 강력한 혁신이 필요한 곳이 교회인데요. 되레 갑각류처럼 굳어

가네요. 혁신은 개혁교회의 숙명인데 과연 그럴까요? 사회학자들은 가장 더디 변화하는 공동체 중 하나가 교회라고 하더군요. 하나님의 용사는 위대한 리더를 만날 권한이 있고 리더는 위대한 돌봄과 섬김을 제공할 의무가 있습니다. 기업보다 탁월한 리더십이 요구되는 곳이 교회란 말은 아무리 강조해도 과하지 않을 텐데요. 기업이 무능한 리더십에 무관용 원칙을 가지고 책임을 묻는다면 교회는 더 무거운 마음으로 책임을 물어야 합니다.

책임을 묻는다고 임기제 혹은 재신임을 묻는 교회도 있다는데요. 교단 헌법에는 위배합니다. 많은 제자가 떠날 때 주님은 요한복음 6장 67절에서 질문을 내셨어요.

"너희도 가려느냐?"

그날 민의를 물었다면 주님도 재신임을 받지 못했을 것이라고 생각합니다.

패러다임의 혁신이 필요

무엇보다 목회 패러다임의 혁신이 우선인데요. 담임목사에게 집중된 과도한 사역과 설교는 무능한 리더로 만들기에 충분합니다. 일주일에 열 번 이상 설교해야 하는 작금의 구조에서 지식의 반감기는 10년이 아닌 5년으로 줄 텐데요. 10년 동안 목회

연구 및 안식년도 없이 설교한 목회자에게 새로운 것을 기대하는 것은 무리입니다. 설교 횟수를 지금의 반, 혹은 최소 30퍼센트를 줄이는 일에 교회의 동의가 필요합니다. 목회자가 한 명인 작은 교회는 어렵다고 할 텐데요. 새벽기도회를 설교 없는 성경 통독이나 '드라마 바이블'로 대신할 수 있습니다.

리더십의 부재와 고리타분함의 끝판왕이 탄생해서 책임을 물어야 한다면 개교회가 아닌 총회 차원에서 개입해야 합니다. 지금의 제도로는 개입이 불가능해 보이니 신뢰도 높은 전문가를 세워 제도를 개선하는 것이 필요하지요. 법적 권한이 있는 조정기구를 신설하는 것도 방법이 될 겁니다. 가톨릭이 문제를 일으킨 교회에 개입해서 속전속결로 해결하는 제도적인 장치는 배워야 합니다. 사역지 이동이 원활하게 이루어지는 제도와 문화를 만드는 하나의 혁신만으로도 교회는 많은 것을 잃지 않을 텐데요. 존중과 거침없는 솔직함으로 의사를 표현하는 문화가 만들어진다면 리더십에 책임을 물을 일이 확연히 줄고 교회는 든든히 세워질 것입니다. 교회도 살고 리더도 살 테죠. 리더도 살고 교회도 삽니다.

생각노트 Thinking Note

생각 1. 당신의 사역, 삶, 사업, 직장생활에서 혁신이 필요한 부문은 무엇이며 그 이유는 무엇인가요?

생각 2. '실패에 대한 인내와 무능에 대한 무관용'이 정착되는 문화를 만들기 위해 당신이 지금 실행에 옮겨야 할 것은 무엇인가요? 실례를 들어 말씀해 주세요.

생각 3. 당신은 a. 수직적이며 무능, b. 수직적이며 강력, c. 수평적이며 방임, d. 수평적이며 강력함 중에서 어떤 유형의 리더십의 소유자인가요? 리더십의 유형을 고려할 때 강화할 것은 무엇이고 개선해야 할 것은 무엇인가요?

생각 4. 당신이 속한 공동체는 구성원이 리더에게 거침없이 솔직하게 말할 수 있는 문화인가요? 그렇다면 어떻게 더 발전시킬 것이며 그렇지 않다면 어떻게 개선해 갈 것인가요?

리더십 노트 17

아프니까 리더다?

　리더는 아픕니다. 사업이면 매출, 세무, 인사, 환율, 부채관리에 이은 종속변수는 예측 불가인데요. 목회라면 성도, 임직, 인사, 재정, 교회 성장, 당회, 목회자 간의 갈등 조정으로 날이 샙니다. 프로젝트를 진행하려면 신중론, 신속론, 명품론, 실용론이 팽팽합니다. 충분한 대화와 조정 시간을 갖고 민주적인 절차에 따라 가결을 해도 피해의식에 잠긴 자는 동류집단을 규합하고 한풀이 혹은 역전을 도모합니다. 반대를 위한 반대를 일삼죠. 반감의 화살을 시위에 물리고 리더의 심장을 겨눕니다. 아무리 작은 화살이라도 반복되면 리더도 사람인지라 감정을 표출하기에 이릅니다. 초기 처방전이 불완전하면 리더를 겨누는 화살은 늘어나고 공동체는 길을 잃습니다.

　게랄드 휘터(Gerald Huther)는 정신과 의사인데요.「사랑하지 않으면 아프다」에서 인간의 뇌에 대해 말합니다. 육체적이든 정신적이든 상관없이 통증의 처리를 담당하는 뇌 신경망이 활성화한다는 데서 실마리를 찾았는데요. 뇌와 몸은 뗄 수 없는 관계로 얽혔습니다. 몸에서 일어나는 일들의 조화로운 상태가 건강한 삶입니다. 몸이 아프다면 뇌와 몸의 조화가 깨졌기 때문인데요. 인간의 몸에는 건강에 이롭지 않은 상태가 되면 뇌에 위험신호를 전달하는 능력이 내재 됐답니다. 수면, 영양 섭취가 부족하거나 신체적으로 힘든 일을 하면, 이 신호는 뇌에 적절한 반응을 일으켜 몸 전체가 다시 조화를 이루는 방향으로 자가 치유를 유도합니다. 그런데 건강한 몸보다 더 중요한 욕구가 생기면 신호가 잡히더라도 무시하고 억누르는 신경망이 생성됩니다. 이 과정 중에 과로와 심각한 스트레스에 노출되더라도 일반적인 현상으로 이해하고 조화를 반하는 방향으로 신경망이 생성됩니다.

리더가 성공만을 목표로 위험한 질주를 하는 동안 몸은 망가집니다. 게다가 상처 입은 구성원의 과도한 기대, 힘을 얻으려는 자의 독선과 무례한 요구가 더해지면 병은 깊어집니다. 해결을 위한 무리한 시도나 잘못된 선택이 야기하는 정서적 빈곤은 몸에 무늬처럼 새겨져 문제를 일으킵니다. 쌓이면 병이 되고 깊어지지만 우리의 뇌는 그게 사는 길이라 착각을 하게 합니다.

심리학에서 과도한 열정은 열등감의 발로로 보는데요. 뇌 신경망 활성화와 유의미한 관계가 있습니다. 의학기술의 발전에도 불구하고 많은 사람이 만성질환을 앓습니다. 불안장애, 우울증 같은 정신 질환도 증가하지요. 경제적으로 풍요로운 사회일수록 더 그렇습니다.

생존을 위해 참고 참아야 한다면 뇌 신경망은 그쪽을 향해 활성화하지요. 질병은 깊은 밤에 난 불처럼 조용히 붙어옵니다. 순식간에 맹렬하게 리더를 집어삼킵니다. 사역과 생계의 경이지대에서 방향을 잃습니다.

성서의 핵심 단어가 '사랑'인데요. 게랄드 휘터가 뇌 과학을 토대로 제시하는 해결책도 '사랑'입니다. '사랑'이 말처럼 쉽지 않은데요. 인생 과제, 최고 난제입니다. 성공 논리에 지배당한 세상과 교회는 사랑 없는 행동을 당연하게 받아들입니다. 치열한 경쟁 사회에서 사랑하는 법을 배우지 못했거나 외면한 결과 점점 더 정신과 육체가 병들어 갑니다. 타인과 다른 생명체뿐 아니라 자기 자신도 사랑하지 않지요. 그러면서 하나님만은 사랑한다고 생각하면 단단히 병든 자아입니다. 세상의 구조가 우리를 점점 외로운 바보로 만드는데요. 살아남고 승리하는 비결 역시 사랑입니다.

사랑은 이기성과 이타성의 균형인데요. 지나친 자기 사랑은 연민이에요. 지나친 이타적 사랑은 집착입니다. 자신을 향한 올바른 사랑이 우선이지요. '내면의 나침반'으로 '하나님의 형상'을 염두에 두면 길을 찾습니다. 사랑은 이타심과 자기애를 아우르는 개념인데요. 존엄한 사람은 스스로를 귀하게 여깁니다. 타인도 비인격적으로 대하거나 도구로 삼지 않습니다. 빗나간, 철없는, 이기적인, 일방적인, 의도적인 사랑을 사랑이라 생각하는 위험에서 벗어나야 합니다.

아픔을 피할 순 없어도 올바르게 반응할 순 있지요. 하나님은 잠자는 동안에도 치유하십니다. 아픔에 잘못 반응하면 두 번째 화살을 맞습니다. 아프지 않은 리더는 없지만 더 아프지 않고 리더의 길을 걸을 순 있습니다. 처방전은 '왕 같은 제사장'에 담겼습니다. 그 사람이 보는 내가 아닌 하나님의 보물로서의 나로 살아야 합니다.

아는 목사님은 당회에서 "목사님은 우리 교회와 잘 안 맞는 것 같습니다."란 말을 듣고 생각 끝에 사임서를 냈습니다. 단 한 가지 조건, 개척에 필요한 비용을 요청했어요. 교회도 뜻을 존중하고 받아들였습니다. 이런 경우는 그나마 '해피 엔딩'인데요. 리더도 죽고 공동체도 죽는 길로 치닫는 경우가 허다합니다. 퇴로도 차단하고 리더만 죽으라고 하면 진영이 갈리고 리더도 공동체도 막장드라마를 씁니다.

사랑에 최고의 가치를

 뇌와 몸의 관계처럼 개인 역시 타인으로 이뤄진 사회와 뗄 수 없는 관계를 맺습니다. 공동체도 구성원과 리더가 최상의 조화를 이룰 때 에너지 소모를 최소화하고 건강한 상태를 유지합니다. 어떤 직위나 성과와 평판보다 당신이 더 중요한데요. 리더의 몸과 영혼은 헤아릴 수 없는 크기의 아픔을 머금습니다. 자신을 사랑하고 이웃을 내 몸과 같이 사랑하는 것을 최고의 가치에 둡니다. 아픔에 매몰되지 않고 공감의 기회와 훈련으로 둘 때 뇌 신경망은 활성화합니다. 마지막 날 건강한 영혼으로 하나님 나라에 입성합니다. 어긋난 기대는 부드럽게 거절합니다. 그래도 밀고 들어오면 단호하게 선을 긋습니다. 가장 나답게 리더의 길을 갑니다.

 리더여! 지금까지 당신이 얼마나 건강하게 살았는지, 얼마나 아프게 살았는지는 선택할 수 없지만 자신을 좀 더 귀히 여기고 사랑할 수는 있습니다. 자신을 사랑하기에 너무 늦은 때란 없습니다.

생각노트 Thinking Note

생각 1. 당신의 삶에서 정서적으로 가장 아팠던 적은 언제 무슨 일이었나요?

생각 2. 당신의 인생에서 육체적으로 가장 고통스러웠던 적은 언제였고 그 이전 몇 년간 당신의 정신 건강 상태는 어떠했나요?

생각 3. 가족이나 지인 가운데 아픈 사람이 있다면 당신은 무엇을 어떻게 도와줄 수 있을까요? 구체적으로 말씀해 주세요.

생각 4. 건강한 자아상과 정체성을 가진 리더가 되기 위해 당신이 자신을 위해 긴급하게 해야 할 일은 무엇이고 어떻게 할 것인가요?

리더십 노트 18

또라이 제로 공동체

　직장인과 상담을 했는데요. 직장 내 또라이 때문에 몸과 마음이 많이 상했더군요. 또라이는 업무시간에는 대충이면서 야근은 대략 주 3일, 뒤풀이를 명분으로 술 파티까지 한답니다. 내담자는 야근을 안 하려고 집중도 높게 일하고 퇴근 후엔 운동과 자기 계발을 해왔는데 어느 날 왕따가 됐더랍니다. 그들만의 단톡방도 있고요. 앞쪽에 앉은 직원은 열등감과 피해의식의 갑옷을 입고 미친 사람처럼 종일 중얼거린다네요. 셀 수 없이 '식빵'을 남발하며 말이에요. 자리라도 옮겨 달라 요청했지만 조금만 더 참고 기다리라는데 인내가 바닥을 드러내고 마음의 병이 생겼답니다. 직장 내 따돌림으로 문제를 제기하면 사안은 공식적 처리가 가능하겠지만 평생을 고발자로 살고 싶지 않답니다. 어떻게 도와줘야 할까요? 공정하고 확실한 처방이 있다 한들 최고의 답이 될까요? 퇴사하고 다른 직장을 구하라고, 어딜 가도 똑같으니 참으라고 말하지 못했어요. 그냥 듣기만 했어요. 지금까지 참은 게 대단하다고 위로하고 격려했습니다.

미국 스탠퍼드대학교 경영학 교수 로버트 서튼은 논문 한 편을 제법 보수적인 잡지 '하버드 비즈니스 리뷰'에 보냈는데요. 제목은 '또라이 금지 규칙'이었습니다. 비속어 '또라이'(asshole)가 여덟 번이나 들어갔지만 그대로 실렸어요. 폭발적인 반응을 보였죠. 연구를 넓혀 책으로 냈습니다. 「또라이 제로 조직 The No Asshole Rule」은 조직에서 동료·상사·부하의 영혼을 갉아먹는 비열한 인간에 대한 경영학적·조직심리학적 보고서인데요. '또라이 없는 세상'에 대한 간절한 염원을 담았습니다.

서두에 풀어놓은 이야기에 의하면 저자가 스탠퍼드대 강사가 될 때가 스물아홉이었는데요. 각고의 노력 끝에 3년 뒤에는 학생이 뽑는 '최우수 강사' 상을 받았답니다. 선배 교수가 다가와 꼭 껴안으며 귓속말로 한마디 했어요.

"강의실에서 애들 달래줬으니까, 이제 정신 차리고 본업에 신경 쓰셔야지."

저자가 밝히는 '또라이'의 일반적인 행동 양식은 인신공격,

개인 고유의 영역 침범인데요. 함부로 하는 신체 접촉, 말 또는 몸짓과 행동으로 위협하고 협박하기입니다. 기분 나쁜 전자우편 보내기, 사회적 신분 모욕하기입니다. '또라이'는 '일시적 또라이'와 '공인된 또라이' 두 범주로 나눌 수 있는데요. 보통 사람도 다양한 압박 상황에서 '또라이짓'을 할 수 있지만 문제는 '공인된 또라이'입니다. 누군가를 모욕, 무시, 차별, 냉소로 기분 상하게 하는 일을 반복한다면 '공인된 또라이'인 거예요. '위에는 알랑대고 아랫사람은 쥐어박는 인물'이 '또라이 중 또라이'입니다.

'공인된 또라이'가 유능할수록 큰 피해를 낳는데요. '또라이 이너서클'을 만들어 무례를 일삼거나 공동체의 에너지를 고갈시켜 사망의 골짜기로 밀어 넣습니다. 공인된 또라이에 노출되면 집중력 저하, 업무 집중 장애, 수면 장애, 불안, 무기력증, 만성피로, 신경과민, 화, 우울증에 시달리기 일쑤인데요. 영국의 공공기관 종사자 700명을 조사한 결과, 괴롭힘을 목격한 사람들도 73%가 스트레스 증가를, 44%는 직접적인 피해자가 되지 않을까 걱정했습니다.

신학대학원 시절, 교단 내 오적 교회가 있었는데요. 졸업 후 사역을 피해야 할 다섯 교회였습니다. 주일 사역을 마치고 기숙사에서 모이면 라면 몇 개를 끓여놓고 '또라이 리더'에게 당한 푸념을 늘어놓았죠. 걸쭉한 라면 스프 향을 능가했습니다. 때가 일주일 중 진정한 치유의 시간이었습니다. 적어도 '또라이 담임목사'는 되지 말자고 그토록 다짐했는데 또라이짓에 대한 몇 번의 기억이 생생한 걸 보니 기억에 없고 느끼지 못한 또라이 짓은 더 많을 텐데요. 지나쳤던 과거가 갑자기 끔찍해져 아내에게 토설했더니 깨달은 게 은혜라고 하네요.

'또라이 질량 보존의 법칙' 들어보셨죠. 또라이가 없는 공동체는 없지만 또라이로부터 비롯된 정서적 전염과 영적인 피해는 줄일 수 있습니다. 처방전은 주님이 주셨습니다.

"거룩한 것을 개에게 주지 말며 너희 진주를 돼지 앞에 던지지 말라 그들이 그것을 발로 밟고 돌이켜 너희를 찢어 상하게 할까 염려하라"(마 7:6)

공동체의 개와 돼지가 누군지 분별해야 합니다. 사회 조직이면 시스템을 가동해서 또라이를 버스에서 내리게 하면 그만인데요. 주님의 교회는 그를 품고 기도하며 회복을 도와야 합니다. 주님이 언제 그에게 임하셔서 변화시킬지 누구도 알 수 없습니다. 사랑의 이름으로 최선을 다했는데 변하지 않으면 주님이 그를 옮기십니다. 다음은 버리지 말고 거리를 둬야 합니다. 돌봄과 섬김 중에 적당한 거리를 두지 않으면 내가 또라이인 겁니다.

또라이를 피할 수는 없어도
공동체의 피해를 줄일 수는 있다

 공동체에서 또라이가 떠나려 할 때 강력하게 만류한 기억이 적지 않은데요. 그게 사랑이고 능력인 줄 알았어요. 그가 남아서 쏜 두 번째 화살은 초음속 최신 무기였어요. 한 발인데 목표물 앞에서 다발성 화살로 변신했어요. 예닐곱의 심장을 찔렀습니다.

 주님이 허락하지 않으시면 참새 한 마리도 땅에 떨어지지 않습니다. 최선을 다했음에도 그가 떠난다면 주님의 뜻으로 받아들여야 합니다. 사랑의 수고를 다 하면 마음의 평화가 옵니다. 영적인 에너지를 떠난 자를 생각하며 후회하고 변호하는데 쓰지 말아야 합니다. 남은 자를 향한 섬김과 돌봄의 책임을 다한다면 또라이 제로 공동체를 향해 한 걸음 다가선 겁니다. 또라이를 피할 수는 없어도 공동체가 입을 피해는 줄여야 합니다. 또라이를 막을 수는 없어도 내가 또라이가 되는 일은 막을 수 있습니다.

생각노트 Thinking Note

생각 1. 당신이 만난 최악의 또라이는 누구였고 그 이유는 무엇인가요?

생각 2. 당신이 누군가에게 또라이였을 수 있다고 생각하시나요? 또라이까지는 아니어도 당신의 태도, 언어에서 수정이 필요한 부분은 무엇인가요?

생각 3. 또라이에게 고통당하는 누군가를 당신이 어떻게 도와줄 수 있나요? 함께하는 시간, 공감, 선물, 위로하는 말, 실천 가능한 한 꼭지를 선택해서 작은 실천 계획을 세워 보세요.

생각 4. 또라이 제로 조직을 만들기 위해 당신이 용기를 내서 실행해야 할 것은 무엇인가요?

리더십 노트 19

리더의 관계론

존경하는 선배의 "단 한 사람에게도 원망들을 만한 일을 하지 않으려 한다."라는 말을 인간관계의 원칙으로 삼고 따르려 했는데요. 가능할 것이라고 생각했다기보다는 기준을 높이 두고 스스로 경진하기 위해서였습니다. 그분의 인간관계 철학은 존중받아야 마땅하지만 설익은 사람이 따르기는 참 버거웠습니다. 30년이 지나고 보니 숱한 인간관계를 통해 남은 것은 아련한 자기 위안과 상당한 후회도 함께입니다. 연꽃도 자신이 감당할 수 있는 빗물만 담는데 저는 감당할 수 없는 사람까지 담으려 했던 겁니다. 돈과 일보다 사람이 중요하지만 모든 사람이 다 중요한 게 아니란 것을 알았습니다. 모든 사람과 잘 지내려 전전긍긍하다가 중요한 사람과 보내야 할 충분한 시간을 놓쳤는데요. 더 안타까운 것은 자신을 건강하게 세워가는 시간도 잃었다는 겁니다.

게리 토마스는 『고통스런 관계 떠나기』에서 사복음서를 연구한 결과 예수님이 사람을 떠나거나 떠나보내는 마흔한 개의 사례를 발견했는데요. 중복된 부분을 제외하니 스물네 번이라고 했습니다. 저자는 "고통스러운" 관계를 "독이 되는" 관계라고 정의하는데요. 독성을 통제, 조종, 정서적인 수치심, 명예훼손, 가스라이팅(Gaslighting)으로 봅니다. '독이 되는 사람'은 열정을 꺾고 무너뜨리며 사명을 파괴합니다. 책임을 전가하고 거짓을 일삼으며 자신이 초래한 혼란임에도 타인을 비난하기 좋아합니다.

저자는 독이 되는 사람을 상대하는지 알 수 있는 진단 질문 몇 가지를 소개합니다. "접촉하고 나면 거기서 회복하는 데 오랜 시간이 필요한가? 그와의 관계가 당신의 평온함, 즐거움, 용기, 희망을 파괴하는가? 다른 건전한 인간관계에 대한 당신의 여력과 참여를 방해하는가? 살의를 드러내는가? 조종당하는 기분이 드는가? 만나고 나면 위축되는가? 그 사람은 분함, 노여움, 악의를 드러내고, 비방과 부끄러운 말과 거짓말을 할 때 활기를 띠는가?" 그렇다면 그 사람과는 유익한 관계가 불가능합니다.

저자는 한 가지 사례를 소개하는데요. 독이 되는 아버지의 접근 금지 명령을 법원으로부터 받아 내는 것은 이기적인 게 아니라 이타적인 행동이라고 합니다. 독이 되는 아버지가 찾아옴으로 평범한 일상, 사역, 사명이 깨졌기에 아버지와 거리를 두고 사명이 이끄는 삶을 사는 게 이타적인 선택이란 말에 동의합니다. 건강하지 않은 사람을 건강하지 않은 방법으로 대한다면 나도 누군가에게 독이 되는 사람일 가능성이 큽니다. 건강하지 않은 사람은 건강한 방법으로 대하는 게 맞습니다.

"모든 이혼은 죄에서 비롯하지만 모든 이혼이 죄는 아닙니다. 부모와 떨어진 아이의 모든 행동의 배후에는 죄가 있지만 학대하는 부모에게서 아이를 떼어 놓는 것이 언제나 죄가 되지는 않습니다." 인간관계의 파괴는 죄에서 비롯하지만 거리를 두는 것은 죄가 아닙니다.

독이 되는 사람을 가끔 만나는데요. 잘 해보려 했지만 언제나 독에 찔렸죠. 결단했습니다. 그에게서 멀어지기로. 그에게 잘하려 했던 육신의 생각을 버렸습니다. 주님도 "거룩한 것을 개에게 주지 말고 진주를 돼지에게 주지 말라."라고 하셨는데요. 누군가를 개나 돼지라고 정죄할 권한은 없지만 분별할 의지는 주셨습니다. 비판은 죄이지만 거리를 두는 것은 죄가 아닙니다. 조용히 떠나는 것을 주님께 배웁니다. 떠나기로 했어요. 게리 토마스를 만나지 않았다면 실행하기까지 더 많은 시간이 필요했을 텐데요. 수려한 문체와 글에 담긴 그의 영성은 치료제였습니다.

거리두기는
사명을 위한 지혜

"내 리더십이 싫은 사람은 다 떠나도 좋다."라고 말해도 된다는 것은 아닙니다. 담을 만한 사람을 끝까지 포기하지 않는 게 주님의 마음이에요. 단지 독이 되는 사람, 공동체에 해를 입히는 사람에게서는 떠나자는 거죠. 거리를 둘 때 떠날지 남을지는 그의 자유인데요. 결과를 떠나서 하나님이 어떻게 일하실지 모르니 열어놓고 최선을 다하는 게 겸손입니다. 떠난 사람에 대한 아픔이 상처에서 독으로 주리를 트는 건 말아야겠죠. 상처에서 헤매다 보면 중요한 사람과의 관계에 최선을 다하지 못하는 우스꽝스러운 꼴이 되지요. 주님도 담지 않은 사람을 담으려는 것은 교만입니다. 끝까지 품고 사랑해야 한다는 믿음의 덕성을 위배하는 것이 아니라 사명을 다하기 위한 지혜입니다.

데일 카네기는 「인간관계론」에서 인간관계는 친구를 만들고 적을 만들지 않는 것에서 시작된다고 했는데요. 만들지 않으려 해도 적은 생겨납니다. 독이 되는 적을 이기는 유일한 방법은 피하는 겁니다. 자기의 관계망에 독이 되는 사람이 없다면 참 좋을 텐데요. 없기를 기대하는 것이 유혹입니다. 없을 수가 없는 게 우리네 삶이에요. 독이 되는 사람을 없앨 수는 없지만 멀리할 수는 있지요. 그가 내게 어떻게 대하는지 내가 선택할 수는 없지만 거리를 둘 수는 있습니다. 거리를 두는데도 계속 독을 뿜어댄다면 기꺼이 떠나야 주어진 사명을 감당합니다. 감사하게도 주님도 떠나셨습니다. 독이 되는 그 사람에게서. 그리고 중요한 사람과 함께하셨습니다.

생각노트 Thinking Note

생각 1. 당신의 삶에서 '독이 되는 사람'은 누구였으며 그에게 받은 피해는 무엇인가요?

생각 2. 당신이 잘못 설정한 인간관계 철학으로 인해 경험한 피해는 무엇이며 어떻게 수정할 것인가요?

생각 3. 당신이 지금 떠나야 할 사람은 누구이며, 지혜를 발휘해 거리를 두는 방법과 과정을 설계해 보세요.

생각 4. 지금 당신이 찾아가서 교제하며 에너지를 보충할 수 있는 사람은 누구이며 이유는 무엇인가요?

리더십 노트 20

리더의 자유

　리더에게 얼마만큼의 자유가 보장될까요? 리더가 행복할 권리와 구성원의 요구가 충돌을 일으킬 때 어떻게 해야 할까요? 종교의 자유가 누군가에게 해를 끼친다면 그 자유는 허용되나요? 예배를 통한 코로나19 확산이 우려된다는 것이 대한민국 정부가 예배의 자유를 제한하는 이유인데요. 설득과 동의는 차치하고 예배를 통한 유의미한 감염률 통계도 없이 과정과 절차를 무시하고 밀어붙입니다. 당위성이 없어 개혁교회가 침묵하는 게 아니라 이단과 일부 교회가 물의를 일으켰기 때문인데요. 한 걸음 더 들어가자면 사회적 책임을 다하고 코로나19 교회 내 감염으로부터 성도를 지키기 위해서입니다.

　정부가 코로나19로 인한 예배의 자유를 제한하면서 존 스튜어트 밀을 소환합니다. 그는 『자유론』에서 말합니다.

"나의 자유가 다른 사람에게 해를 끼칠 때는 자유를 누릴 수 없다."

코로나19 확산 방지를 위해 정부가 집회의 자유를 제한한 것은 자유론의 이 지점과 궤를 같이 하는데요. 하지만 타인을 위한 자유의 제약이 개인의 자유를 부당하게 침해하지 않아야 하는데요. 정부의 개입은 교묘하게 전체주의와 민주주의의 줄타기를 합니다.

정부의 방역지침이 예배의 제한을 통해 야기하는 문제는 적지 않습니다. 개인의 자유가 침해당했어요. 공동체의 자유까지 침해한 겁니다. 반기독교 세계관과 보여주기식, 과도한 방역에 정파적으로 휘둘렸죠. 결국 국민의 다수가 코로나에 걸리고 난 후 일정한 면역력이 생겼지요. 코로나바이러스는 인간과 공생을 선택합니다. 숙주를 죽이고 살아남을 바이러스는 없거든요. 얘도 나름 살길을 찾기에 최소한의 길은 열어두어야 합니다. 북미와 유럽이 2022년 월드컵에서 마스크 벗고 응원하는 열기가 중국 안방의 스크린에 담겼죠. 사람을 가둘 순 있어도 코로나는 가둘 수 없다는 것을 늦게 안 겁니다. 중국 정부는 국민의 거센 저항에 백기를 들었죠. 중국도 희생과 정점을 찍은 후 안정을 찾을 겁니다. 과도한 정부의 개입이 낳은 단면입니다.

거리두기 4단계가 보름을 넘어선 어느 날 오후였어요. 로고스교회가 운영하는 카페에 들어갔다가 화들짝 놀랐습니다. 대략 29명이 좌석을 채웠습니다. 1천 석짜리 본당에는 마스크 쓴 채 19명, 40여 평 카페에는 마스크 벗고 차 마시는 29명, 무엇이 더 위험하다는 건가요.

> "종교의 자유는 이런 상황에서
> 어디까지 허용돼야 하는 걸까요?"

 삶의 근본 가치를 고민하며 타인에 대한 배려가 참된 행복의 출발점인 것 인정합니다. 지나친 방역조치로 인해 공동체의 행복까지 제한하는 책임은 누가 질 것인가요?

> "마음 내키는 대로 행동하는 것은
> 진정한 의미의 자유가 아니다."

 존 스튜어트 밀의 철학을 존중합니다. 교회가 예배와 공동체 활동에 대한 자유를 말하는 것은 사사로운 이익을 초월합니다. 밀은 영국 사회를 개혁하기 위해 목숨을 걸었죠. 그가 민주화를 위해 싸웠으니 민주화 정부 핵심 참모의 아버지쯤 되나요. 하원의원이 된 후 여성, 노동자, 사회적 약자의 권익을 위해 치열하게 투쟁했으니 소외계층의 친구인가요. 밀은 보수당을 "세상에서 가장 어리석은 집단"이라고 비판했죠. 그 시대는 그럴 만했어요. 대한민국 국민도 길을 잃었던 보수당에 혼쭐나게 선거의 매를 때렸지요. 하지만 그것이 전부는 아닙니다. 그래야 할 이유는 진보, 보수는 항상 불완전하기 때문입니다.

예배의 자유 VS 사회적 책임

　기다려도 님은 오지 않았어요. 일산 기독교연합회장으로 임원회의를 소집했어요. 예배당 좌석의 10퍼센트, 20명 이내의 형평성과 문제점을 부드럽게 지적하고 '좌석의 10퍼센트'를 연합회의 이름으로 가결하고 시장께 통보하려고 했습니다. 다음 날 좌석의 10퍼센트로 정부가 조정을 했더군요.

　진보나 보수 할 것 없이 자기 노선과 신념이 옳다고 맹신하는 순간 회복 불가능한 길로 들어선 겁니다. 보수는 안정 진보는 개혁, 보수는 성장을 진보는 분배를 말합니다. 진보와 보수는 국민의 행복을 보장한다지만 그들이 줄 수 있는 게 아닙니다.

　보수가 지닌 한계 때문에 진보, 진보가 지닌 한계 때문에 보수가 존재해야 함에도 상대 진영의 모순만 찾다가 둘 다 죽어갑니다.
　보수, 진보의 편향성과 유아적 우월감은 목불인견인데요.

이참에 정치나 시작해 볼까 합니다. 예수 정치. 진보도 보수도, 십자가를 지심으로 모두의 죄를 담당하신 예수 운동입니다. 진보도 보수도 모두 존중하고 담아내는 예수 운동입니다.

예수 믿으세요. 그래야 삽니다.

생각노트 Thinking Note

생각 1. 당신은 진보, 중도, 보수 중에서 어느 쪽에 서 있다고 생각하나요? 지인들은 당신을 어떤 유형의 사람으로 분류하며 그렇게 분류하는 이유는 무엇인가요?

생각 2. 당신이 리더라면 공동체를 위해 진보와 보수를 아우르고 함께 가기 위해 당신이 당장 버려야 할 일은 무엇인가?

생각 3. 당신이 리더라면 공동체를 위해 진보와 보수를 아우르고 함께 가기 위해 당신이 당장 해야 할 일은 무엇인가?

생각 4. 영적인 리더에게 정치적인 신념을 밝힐 자유는 어느 정도 허용된다고 생각하시나요?

Leadership Note Chapter 3

수많은 우연은 기필코 필연을 낳는다

리더십 노트 21

리더의 믿음과 리스크

성경이 말하는 인생관은 첫째, '위탁받은 것(청지기)', 둘째, '유한함(나그네)', 셋째, '시험'인데요. 성경은 이스라엘 민족과 개인이 시험을 통해 성장한 후 믿음의 거목이 되어 열방을 향해 나아가는 이야기를 담아냅니다. 이 모든 과정이 믿음에 관한 시험인데요. 믿음이 성숙했다고 시험이 끝난 건 아닙니다.

헬렌 켈러는 말했습니다.

"인생은 과감한 모험이든가, 아니면 아무것도 아니다."

신앙인에게 모험과 도전의 뿌리는 '믿음'인데요. 여기서 질문 앞에 섭니다.

"당신은 안전 지향형인가?, 위험 선호형인가?"
"안전과 도전의 균형을 갖춘 사람인가?"

아브라함은 안전지대인 갈대아 우르를 떠나 하란에 거하다가 가나안을 향해 떠났습니다. 175년간 열여섯 번의 이주와 열일곱 번의 크고 작은 시험을 겪었는데요. 과정 없이 복의 모델, 믿음의 조상이 된 것은 아닙니다. 말씀과 감동을 주실 때 믿음으로 순종하는 게 도전인데요. '도전'으로 발을 옮기면 '도전'이 삶을 이끕니다. 확실성을 추구하는 사람의 미래는 불확실하고 불확실성을 선택한 자의 미래는 확실하다고 했는데요. 믿음의 도전을 망설인다면 실패가 두려워서일 겁니다. 실패를 경험과 배움으로 읽고 하나님의 광야 학교로 해석하지 않으면 패배의식에 사로잡힙니다. 우리에게 실패와 성공을 가르는 기준은 '믿음으로 순종'했는가일 뿐입니다. 물론 믿음 가운데 순종으로 도전한다고 다 올바른 믿음이라 이해할 순 없는데요. 위험한 믿음과 올바른 믿음을 분별하는 것은 그리 쉬운 일이 아닙니다.

선택과 결정을 하고 도전의 순간을 맞이하기 전에, 리스크를 감당할 수준인지 아닌지를 진단, 고려해야 합니다. 가용자원, 주어진 시간, 금전적 차변과 대변, 구성원의 수준과 능력을 계산해야 합니다.
달라스 윌라드는 하나님의 음성을 분별하는 세 가지 기준점을 환경, 성령의 감화, 성경 말씀이라고 했는데요. 성령의 감동을 말씀과 환경을 통해 검증하지 않으면 신비주의자가 됩니다. 하나님의 뜻을 아는 것은 대단히 중요하지만 더 중요한 것은 하나님의 기쁨이 되는 사람이 되는 겁니다.

"빚지지 않는 목회를 하겠다."
"빚 갚고 나서 하겠다."

좋은 말이지만 돈 때문에 시간과 기회를 놓칠 수 있지요.

"한 사람만 반대해도 하지 않겠다."

선한 말로 들리지만 한 사람 의견 때문에 공동체의 미래가 묶이기도 합니다. 로고스교회는 설립 12년 만에 큰 결단 앞에 섰는데요. 두려움이 엄습했어요. 두 가지 소리가 들렸답니다. "잘못되면 목회 끝장난다." 다른 하나는 "나는 너를 구원하기 위해 하늘 보좌 버리고 인간의 몸을 입고 이 땅에 와서 죽었는데 너는 나를 위해 빚도 못 지겠니?" 회개하고 믿음의 도전을 했죠. 2-3년 간은 부채와 이자로 인한 압박으로 우울증까지 앓았어요. 감당할 만한 능력이 있었던 게 아닙니다. 불확실성에 믿음으로 몸을 던졌더니 도전이 저를 만들어 갔습니다. 도전도 하지 않으면 어떤 일도 벌어지지 않습니다. 이전에 경험했던 일이라고 실패하지 않는 것이 아닙니다. 실패는 항상 입을 벌리고 기다립니다. 성공도 실패가 되고 실패가 성공이 된다는 믿음은 성공 후에 겸손으로 안내하지요. 실패 후에 성장과 성숙을 선물합니다.

믿음의 도전에서 승리하는 비결이 뭐냐고 물으신다면 "하나님의 은혜"라고 대답하진 않겠습니다. 이 고백은 가장 신실한 믿음 같지만 반대 질문에 답을 준비해야 합니다.

"건축이나 예배당 이전, 사업 확장 후 부채를 감당하지 못하고 경매에 넘어간 교회는 은혜가 없었단 말인가?"

아직 답을 내지 못했답니다. "그렇다면 능력이 남달랐던 것인가?" 그건 더더욱 아닙니다. 기억을 소환하자면 성령의 감동, 환경(성도 대다수의 동의), 말씀을 받았습니다. 그래도 지불해야 할 대가가 컸어요. 믿음의 도전과 함께 '버릴 것 리스트'의 우선순위를 매기고 버렸습니다. 국내외 집회 초청, 생방송 진행, 갖가지 모임에서 청하는 상당수의 자리를 피했습니다. 그대로 표현하자면 놀아도 교회에서 놀았습니다. 선배의 가르침을 경청했고 독서를 통해 지식의 반감기를 넘어서기 위해 노력했습니다. 여기에 하나님의 한량없는 은혜가 임했습니다.

경험했던 일이라고
실패하지 않는 것이 아니다

　추진하는 일이 하나님의 기뻐하시는 일이라 할지라도 실패한다면 타이밍과 함께 하나님과의 관계의 친밀감을 점검해야 할 텐데요. 성령이 함께 하시면 불가능한 일도 가능하고, 성령이 함께하지 않으시면 쉬운 일도 불가능합니다. 경험했던 일이라고 결과를 얻는 것도 아닙니다. 능력과 역량을 주시라고 기도하면 성령께서 믿음을 심장에 이식시키시는 게 아니라 불가능한 미션을 감당해 가는 과정 중에 믿음을 더해 가십니다. 인생도 사역도 한 번 뿐입니다.

생각노트 Thinking Note

생각 1. 당신이 믿음의 용기와 도전으로 일구어낸 성과와 열매는 무엇인가요?

생각 2. 당신 주위에 안정 지향적인 삶으로 인해 고전하는 사람은 누구이고 특징은 무엇인가요?

생각 3. 당신 주의에 위험한 믿음으로 인해 리스크를 감당하지 못한 사람은 누구이고 반면교사로 삼을 것은 무엇인가요?

생각 4. 오늘 당신의 삶에서 믿음이 더 필요한 영역은 무엇이고 어떻게 하나님과의 올바른 관계를 유지하며 적용할 것인가요?

리더십 노트 22

리더의 실패, 능력과 상처의 차이

흔들리지 않고 피는 꽃이 없듯이 실패하지 않는 리더는 없습니다. 신학대학원 1차 때 첫 번째 개척을 했는데요. 첫 번째 위기부터 어떻게 극복해야 할지 몰라 한참을 헤맸습니다. 목회 철학, 사명선언문, 제자 양육, 교회의 로드맵을 그리지 못한 채 전도만 하고 보니 막상 성장을 할 때에는 길을 잃었어요. 위기관리는 생각도 못 하고 처음 맞이한 위기에 맥박은 빨라지고 몇 개월간 흔들렸습니다. 목회 초기 하나님보다 사람을 더 의지해서 맞닥뜨린 시험은 힘들고도 길었습니다.

두 번째 개척 후엔 6년 만에 탈진했어요. 캐나다 토론토로 안식년을 떠났는데요. 한인 교회 담임목사가 안식월로 두 달간 교회를 비울 때 주일 설교만 부탁받았습니다. 나름 최선을 다했지만 설교 중에 사용한 유머가 부적절하다고 계약 해지 통보를 받앉습니다. 동안의 실패를 기록하자면 66권의 지면도 모자랄 판입니다.

하버드 경영 대학원의 종신 교수, 세계가 인정하는 리더십의 구루 에이미 에드먼드슨은 「두려움 없는 조직」을 출간했는데요. 조직적 침묵의 위험성을 미국항공우주국(NASA)의 사례를 들어 설명했습니다. 2003년 2월 1일 나사 우주왕복선 컬럼비아호가 공중에서 폭발해 탑승자 7명 전원이 사망했는데요. 감사 결과 엔지니어인 로드니 로차가 폭발사고 발생 2주 전 이상 발생 가능성을 파악했다는 것이 밝혀졌죠. 로차는 이런 징후를 공식적으로 알리지 않았는데요. 이유를 묻는 질문에 "나는 말단 엔지니어고 내 팀장은 나보다 훨씬 높은 곳에 있는 사람이기 때문"이라고 답했습니다.

에드먼드슨은 개인이나 조직이 실패를 통해 성장하려면 다음 세 가지 단계를 꼭 밟아야 한다고 했습니다.

첫째, 발견인데요. "고통스러울 정도로 엄청난 실패는 찾기가 쉽다. 그러나 많은 경우 실패는 수면 밑에 숨어 있어 지금 당장 직접적인 해를 입힐 것 같아 보이지 않는다. 때문에 실패가 초기에 수면 위로 올라오도록 하는 것이 중요하다."

둘째, 분석입니다. "실패의 원인을 뿌리까지 캐야 한다. 정교한 분석 틀을 사용해 실패로부터 어떤 교훈을 얻을지, 어떻게 바로잡아야 할지 파악해야 한다."

셋째, 실험의 장려입니다. "전략적으로 실패를 양산하는 것이다. 모든 실패에는 귀중한 정보와 지혜가 숨어 있다."

고통스러울 정도로 끔찍한 실패는 원인을 찾기 쉬운데요. 작은 실패는 묵과해 버리거나 원인을 찾기가 쉽지 않습니다. 실패 가능성과 원인을 찾아도 조직의 문화, 특징, 리더십의 유형 때문에 침묵으로 일관하는 경우도 많지요. 주님은 3년간 모범, 동거, 분여, 위임, 재생산을 통해 제자를 훈련했지만 제자들은 십자가 앞에서 모두 떠났습니다. 여기까지 보면 주님의 제자 훈련은 실패한 것처럼 보이죠. 주님은 따르는 자의 배반을 제자 훈련의 과정으로 보셨기에 부활 후 먼저 찾아가셨습니다.

50대 중반이 되니 지난날의 설교, 리더십, 관계에서 후회가 많이 남습니다. 로고스교회가 관대하게 기다려주지 않았다면 지금쯤 정착할 다른 별을 찾으려다 우주 미아가 됐을 겁니다. 오늘은 이런 질문을 냅니다.

"오늘날 한국 교회가 다윗, 모세, 바울 같은 지도자를 낼 수 있을까요?"

연결 질문입니다.

"당신이 속한 공동체는 실수와 실패에 대해 얼마나 관대합니까? 그것을 통해 무엇을 배우십니까?"

많은 공동체가 리더의 실패와 실수를 용납하지 않습니다. 폄하의 기회로 삼아 확대, 재생산한 정보를 SNS에 도배할 수도 있겠죠. 한 번의 실패나 실수가 낙인처럼 평생을 따라다니기도 합니다. 기다렸다는 듯이 리더십 교체의 기회로 삼기도 하죠.

실패하지 않고 성장하는 사람은 없습니다. 실패가 이해, 돌봄, 격려, 공감, 사랑으로 치유가 된다면 능력으로 자리 잡지만 반대의 경우는 상처만 남을 뿐인데요. 상처는 또 다른 상처를 낳고 트라우마나 콤플렉스 같은 심리적 장애로 남습니다.

실패가 능력이 되도록

주님은 배반한 제자들을 먼저 찾아가셨어요. 배반감, 죄책감에 빠진 제자에게 '언약적 사랑'을 주셨습니다. 그들에게 '영적인 안정감'을 제공했고 제자들은 순교로 답했죠. 주님의 사랑을 먼저 입어 구원을 받았다면 실패한 자를 보듬고 사랑의 돌봄과 비용을 지불해야 하는 것은 사명입니다. 실패를 통해서 배우고 격려하는 문화는 '두려움 없는 개인'을 만듭니다. 실패를 해도 관대한 문화에서는 능력 있는 위대한 인물이 나옵니다. 그렇지 못한 문화에서는 리더가 살아남지 못합니다. 장기적으로 관대한 문화의 공동체는 능력 있는 리더와 사랑 많은 구성원을 통해 열매를 함께 나눕니다.

생각노트 Thinking Note

생각 1. 주위에 실패가 상처가 된 사람을 알고 있나요? 지금 그는 어떤 상황에 처했나요?

생각 2. 주위에 상처가 능력이 된 사람이 있다면 지금 그가 누리는 열매는 무엇인가요?

생각 3. 당신이 과거의 실패를 냉정하게 분석하고 얻는 교훈은 무엇인가요?

생각 4. 전략적 실패가 허용되는 문화를 만들기 위해 당신이 당장 해야 할 일은 무엇인가요?

리더십 노트 23

리더와 모멘텀(Momentum)

'모멘텀'은 물리학 용어인데요. 물체가 한 방향으로 계속 움직이려는 경향을 의미합니다. 동력, 추진력, 타성입니다. 역학(疫學)에서는 바이러스가 병을 일으킬 임계치에 이르는 순간을 말합니다. 경제학에서는 한계 변화율, 기하학에서는 곡선 위에 있는 한 점의 기울기입니다.

노벨경제학상을 받은 토머스 셰링의 논문 '분리의 모델(1969)'에서 제시한 '티핑 이론'에 나오는 개념이기도 한데요. '갑자기 뒤집히는 점'이란 뜻으로 때로는 엄청난 변화가 작은 일에서 시작하고 예기치 않은 순간에 발생할 수 있다는 의미로 사용합니다.

리더십에서 모멘텀은 한 조직이 나아가는 방향, 분위기와 흐름인데요. 존 맥스웰은 조직의 구성원에게 동기부여를 통해 긍정적 변화를 이끌어 내는 것을 모멘텀이라 했어요. 모멘텀을 아는 리더는 조직문화, 인사, 보상 매뉴얼을 만들고 공정한 공동체를 만듭니다.

말콤 글래드웰은 『티핑포인트』에서 '허시 파피(Hush Puppies)'를 사례로 듭니다. 허시 파피는 고객이 거들떠보지 않아 처분 위기에 놓인 신발이었어요. 뉴욕 이스트 빌리지에서 몇몇 히피 청소년이 신고 다니더니 두 달이 지나지 않아 미국 전역으로 팔려 나갑니다. 1993년 3만 켤레가 판매된 것을 시작으로 94년에는 43만 켤레, 95년은 130만 켤레로 매출이 급상승했어요. 이유는 몇 사람으로 시작한 입소문 때문이라고 분석합니다. 해서, 이런 질문을 드려봅니다.

"사업, 인생, 학업, 목회에서 모멘텀을 경험했는가?"
"몇 번이나 모멘텀을 경험했는가?"
"경험했다면 폭발력의 정도는?"
"경험하지 못했다면 무엇이 문제인가?"

모멘텀의 흔한 예는 농구나 배구 경기에서 자주 보는데요. 상대 팀이 상승기류를 타면 감독은 작전 타임으로 흐름을 끊고 갑니다. 때론 한 번의 작전 타임이 경기의 판을 뒤집기도 하지요.

모멘텀은 리더의 긍정적 동기 부여에서 시작해서 어떠한 변화라도 가능하게 하는데요. 일단 시작하면 위대한 일을 일굽니다. 모멘텀의 보상은 구성원 모두의 몫이지만 만드는 것은 전적으로 리더의 책임입니다. 모멘텀은 저절로 생기지 않은데요. 리더의 내면에서 시작합니다. 비전, 열정, 에너지, 능력, 인격의 총합인데요. 구성원이 리더를 사랑하고 존경하면 자연 발생합니다.

어떤 조직은 모멘텀이 만들어지고 폭발적인 성장의 기조에 들어섰는데 리더가 엉뚱한 짓을 하기도 하는데요. 정작 자신은 헛발질하는 것을 느끼지 못하는 경우가 허다합니다. 자신이 지켜야 할 자리를 떠나 불러 주는 곳마다 갑니다. 외부 활동이 늘고 모임이 많아지죠. 뭐라도 된 듯합니다. 조직은 순식간에 추진력을 잃고 산소 호흡기에 의지해 연명하기 일쑤인데요. 배움이 그치고 교만이 그득합니다.

지인 중 한 분이 섬기는 교회는 폭발적인 성장 중인데요. 정치로 부르심을 받았지만 모멘텀을 꺾을 수 없어서 교회에 남겠다고 결정했습니다. 정치도 누군가는 해야 할 일이고 대의를 위한 헌신도 중요한 일인데요. 하지만 집중할 일이 무엇인지 우선순위를 붙잡으면 모멘텀을 잃지 않습니다. 곁에서 고민과 선택의 과정을 지켜봤기에 울림이 컸습니다.

이미 정점을 향해 운동을 시작한 것

하나님은 우리에게 권한을 위임하셨는데요. 리더가 준비하고 성령의 바람이 불어 모멘텀이 공동체의 폭발적 성장으로 이어진다면 '모든 것이 은혜'라는 고백은 필수입니다. 내가 주인이 되는 순간 모멘텀은 길을 잃습니다. 모멘텀이 보이지 않아서 답답하다면 아직 보이지 않을 뿐 끓는 중입니다. 물이 비등점에 도달하기 전이라도 이미 정점을 향해 끓는 중이에요.

"우리가 선을 행하되 낙심하지 말지니
포기하지 아니하면 때가 이르매 거두리라"(갈 6:9)

말씀을 붙들고 누구를 만나 무슨 일을 하든지 주께 하듯 합니다. 누가 뭐라고 해도 보상이 따르지 않아도 말이에요. 단지 주님의 영광만을 구하며 올바른 걸음을 뗀다면 모멘텀은 한순간 모습을 드러냅니다. 한 번도 비상하지 못한 채 활주로만 빌빌거린다고 자책한다면 모멘텀이 숨습니다. 비상할 날을 꿈꾸십시오. 오늘도 마땅히 있어야 할 자리를 지키며 비전, 열정, 에너지, 능력, 인격을 다해 주님의 십자가 앞에 한 걸음 내딛는다면 모멘텀은 이미 와 있습니다.

생각노트 Thinking Note

생각 1. 모멘텀의 법칙을 당신의 삶에 적용해보고 그때가 언제였는지 무슨 일이 있었는지 말씀해 주세요.

생각 2. 티핑포인트를 이해하지 못하고 중도 포기했던 일은 무엇이고 그 일을 다시 한다면 어떻게 할 것인가요?

생각 3. 주위에 모멘텀의 법칙을 경험한 사례가 있다면 그에게서 배울 점은 무엇인가요?

생각 4. 모멘텀의 법칙을 이해한다면 오늘 무엇을 어떻게 할 것인가요?

리더십 노트 24

긍정의 배신과 리더십

"좋은 소식과 나쁜 소식이 있는데 뭐 먼저 들을래?"
"아무렴 어때, 아무거나"
"목사님이 교회를 떠나신대"
"그래 그럼 나쁜 소식은 뭐야?"

해학이 넘치는 대화로 들리십니까? '부정성 효과'로 보이십니까? 나쁜 소식을 듣고 더 나쁜 소식, 부정적인 생각에 지배받는 것을 '부정성 효과'라고 하는데요. 의사가 암 환자에게 수술 후 죽을 확률이 10%가 된다고만 말할 경우와 살 확률이 90%가 된다고 말할 때 전자가 수술을 덜 받는다고 합니다. 부정성은 긍정성보다 부정적 영향을 미치는 게 분명한데요. 그렇다고 삶의 모든 영역에서 부정성을 모조리 제거하고 긍정성으로만 무장하는 게 성서적일까요?

간과했던 긍정주의의 불편한 진실을 들추어내고 긍정적 사고가 어떻게 우리의 발등을 찍는지를 바버라 에런라이크는 「긍정의 배신」을 통해 고발합니다. 저자는 유방암 선고를 받고 인생 최대 위기를 맞이하는데요. 현대사회에 만연한 긍정 이데올로기와 정면으로 맞닥뜨립니다.

"너무 걱정하지 마. 다 잘 될 거야!"
위로의 말을 건네는 가족.

"암은 내게 일어난 일 가운데 가장 멋진 일이었다."

사이클 선수 랜스 암스트롱의 어이없는 고백, 부정적인 생각이 원인이었다고 생각하는 수많은 암 환자를 만납니다. 닥친 현실에 냉정해지고 싶었는데요. 긍정주의에 감염된 세상은 현실을 직시하려는 그녀를 아예 차단합니다. 저자는 시련과 실패를 당할 때 원인과 문제의 본질을 파악하기보다 모든 일의 발화가 자신의 부정적인 인식 때문이라고 믿게 만드는 긍정 이데올로기의 횡포를 추적합니다.

저자는 "긍정은 위기의 징후에 눈 감게 만들어 금융위기와 사회적 재앙에 대비하는 힘을 약화하고 실패의 책임을 개인의 긍정성 부족으로 돌림으로써 시장경제의 잔인함을 변호한다."라고 역설했습니다.

『생각하라! 그러면 부자가 되리라』, 『누가 내 치즈를 옮겼을까?』, 『긍정의 힘』, 『시크릿』 등은 긍정을 노래합니다. 그럴듯한 사례도 제시하는데요. 긍정을 파는 책이 약 3년을 주기로 베스트셀러가 된답니다.

마틴 셀리그먼(Martin Seligman)은 긍정심리학의 선구자로 "행복해지기 위해서라면 의식적으로 낙천적이어야 한다."라며 긍정적인 마음 훈련의 중요성을 강조했습니다. 그는 아들러(Alfred Adler)에게 영향을 받는데요. 아들러는 "인생은 누군가가 정해주는 게 아니다. 행복한 삶은 스스로 선택하는 것이다."라고 했습니다. 긍정심리학의 주장에 동의하지만 그게 전부일까요. 질문을 지울 수 없습니다.

"하나님의 자녀에게 행복한 삶은 선택일까요?"

로버트 슐러(Robert Schuller)의 『불가능은 없다』는 한국교회에도 큰 반향을 일으켰는데요. 1956년 5백 달러로 캘리포니아 가든그로브에 세운 수정교회는 초고속 부흥을 했지만 2010년에 파산했습니다. '번영신학'의 대가, '긍정의 힘'의 원조격인 로버트 슐러 목사가 세운 수정교회가 부도날 때 한국교회도 적잖은 충격이었어요. 국내 많은 목회자가 성지처럼 순례했어요.

"교회를 기업으로, 선교를 비즈니스로, 신자를 고객으로"

슐러 목사의 경영철학을 다투어 도입하며 '번영신학'의 벤치마킹이 붐을 이뤘죠. 목회 프로그램, 설교 스타일, 예배당 인테리어까지 모방했던 터라 실망이 부정, 부정이 절망이 됐습니다. 파산의 결정적인 이유로는 잘못된 리더십 교체로 인한 갈등과 장기 불황으로 인한 재정 문제를 듭니다.

긍정의 신학은 오랜 절망에 노출된 사람에게 약간의 희망을 줍니다. 하지만 지나치고 무분별한 긍정주의가 영성을 아둔하게 만드는 위험은 간과했는데요. 긍정의 신학은 인간의 탐욕을 죄로 보지 않고 장려했지요. 세계 금융위기를 초래한 보이지 않는 공범이었습니다. 세계는 지금 감당하기 어려운 긍정의 배신을 맞았는지도 모릅니다.

긍정주의 설교가 그려주는 장밋빛 미래에 취해 현실에서 멀어진 자를 구원해야 합니다. 긍정은 하나님과의 친밀감, 칭의, 공의, 정의보다 우선할 수 없습니다.

"간절히 원하면 이루어진다."

끌어당김의 법칙은 짝퉁 복음인데요. 긍정의 신학은 예수 그리스도의 십자가와 부활을 대신할 수 없습니다. 긍정적으로 생각하는 것보다 우선해야 할 것은 주님의 뜻, 마음, 방법과 타이밍인데요. "능력 주시는 자 안에서 모든 것을 할 수 있다."라는 말씀을 주문처럼 반복한다고 모든 것이 뜻대로 되는 게 아닙니다. 하나님의 기쁨이 되고 주님의 나라와 그 의를 구하는 게 먼저인데요. 긍정의 자리에 내어준 죄와 사망, 십자가와 부활의 복음을 제자리에 돌려놓아야 합니다. 그 무엇도 십자가의 복음보다 우선할 수 없습니다. 그 누구도 예수 그리스도의 이름을 대신할 수 없습니다.

긍정의 기대가능성과 적절한 부정성

부정성을 두둔하고 부정적인 리더가 되자는 게 아닙니다. 긍정의 기대가능성을 높이는 것은 적절한 부정성을 염두에 두는 겁니다. 사업, 목회, 직장, 자녀 양육과 인생의 여정에서 적절한 의심은 궤도를 수정하게 하는데요. 막연한 긍정에 빠져 부유하는 것이 아니라 현실에 발을 딛고 일상에서 주님의 임재를 경험하는 것은 긍정만으로 담아낼 수 없습니다. 대책 없는 긍정에 사로잡힌 이상주의자가 아닌 균형 잡힌 하나님의 사람됨을 생각할 때인데요. 긍정의 배신과 부정의 독화살을 피하고 말씀이 삶이 되는 일상을 살아야 할 때입니다.

"교회는 기업이 아니고 주님의 몸입니다."
"선교는 비즈니스가 아니고 사명입니다."
"신자는 고객이 아니고 교회입니다."

생각노트 Thinking Note

생각 1. 당신이 경험한 긍정의 배신을 고발해 주세요.

생각 2. 당신이 자신을 희망고문 했던 때는 언제였고 무슨 일이었나요?

생각 3. 당신 주위에 가장 부정적인 사람은 누구이며 반면교사로 삼아야 할 점은 무엇인가요?

생각 4. 적절한 부정과 건강한 긍정의 균형을 위해 당신이 생각해야 할 것은 무엇인가요?

리더십 노트 25

리더와 위기관리

'지정생존자'란 개념을 아실 텐데요. 미국 대통령을 비롯한 정부각료가 한 자리에 모일 때마다 유사시를 대비합니다. 핵전쟁, 테러, 자연재해로 대통령과 정부각료가 한꺼번에 몰살당할 경우 대통령직 승계가 가능한 한 명을 안전시설에서 대기하도록 지정한 사람인데요. 유사시 대통령직을 물려받아 행정부의 연속성을 이어가기 위해서입니다.

히브리대학교 역사학과 교수 유발 하라리(Yuval Noah Harari)가 최근 파이낸셜타임즈(Financial Times)에 기고했습니다. '코로나 19 바이러스 감염증'(코로나)으로 인한 선택이 향후 미래세계를 결정할 것이라고 했어요. 코로나 종식을 위한 중국의 '전체주의 방식'과 한국의 '시민 역량을 고양하는 전략' 사이, 자국의 이익을 우선하는 '민족주의적 고립'과 '글로벌 연대' 사이의 선택에 직면했답니다.

  한국교회의 '코로나 대응방법'에 관해서 의견이 나뉠 텐데요. 정부가 요구하는 방역 수칙을 철저히 준수하며 현장예배를 선택하는 소수의 선택권도 존중한다면 문제가 될까요? 코로나가 교회에 큰 위기인 것은 분명합니다. 위기관리를 잘하면 리더십은 견고해지지만 잘못하면 도전이 거세집니다.

  대형 사고가 발생하기 전에 그와 관련된 수십 차례의 경미한 사고와 수백 번의 징후가 반드시 나타난다는 것이 하인리히법칙(Heinrich's law)인데요. 일명 '1:29:300(사망자):(경상자):(무상해사고자)의 법칙'이라고도 합니다. 이미 인공지능과 과학자가 새로운 바이러스의 출현을 예고했습니다. 코로나는 이미 와 있었던 거예요. 교만과 방심으로 경고를 귓등으로 들었죠. 21세기에 날아다니는 차를 타고 다닐 것이라 생각했지 집에 격리돼서 극단적 거리 두기를 할지 누가 알았을까요.

  난세에 영웅이 난다고 했는데요. 난세가 영웅을 만난 게 아니라 준비된 리더가 난세를 만남으로 영웅이 됩니다. 코로나를 잘 방어한 국가 중 하나로 대만이 꼽힙니다. '감염병 단계별로 124개 행동 지침'을 세우고, 매년 방역시스템을 강화해 왔어요. 위기 앞에서 단골로 등장하는 두 단어는 '전문가'와 '시스템' 입니다.

해양수산부, 보건복지부는 위기, 재난, 감염증 관리 표준 매뉴얼을 만들었는데요. 질병관리본부는 오래전부터 준비했습니다. 한국교회도 감염증으로부터 신앙과 교회를 지키기 위해 위기관리 표준매뉴얼을 만들어야 할 때입니다.

요셉이 흉년을 대비했듯이 교회도 재정적인 유동성을 확보해야 하겠습니다. 온라인 예배, 원격 소그룹 모임을 위한 준비와 교육이 필요합니다. 교회를 넘어 교단의 위기관리 시스템 구축도 요구됩니다.

위기관리 대응을 위한 신학적 연구와 법제화

교회의 위기관리를 위해 제언합니다. 첫째, 온라인 예배, 성찬, 절기에 관한 신학적인 해석과 연구입니다. 둘째, 위기 상황에서 취소, 연기, 실행이 가능한 행사에 대한 분류와 대응책입니다. 셋째, 온라인 회의의 법적인 효력을 위한 법제화입니다. 바이러스 무풍시대에도 온라인 회의에 대한 법적인 효력이 인정된다면 교단은 비용, 시간, 에너지를 절감하고 교회의 본질과 사명을 완수하는 일에 집중할 수 있을 겁니다. 넷째, 코로나가 장기화한다면 중대형교회까지도 생존의 위협에 직면할 터라 목회자의 아르바이트나 이중직에 대한 허락 여부를 진지하게 연구해야 할 때입니다. 이중직 허용의 일상화를 허락할 수 없다면 특별한 상황에서의 허용 여부를 법제화하면 좋겠습니다. 생존을 위한 암묵적인 이중직은 이미 피할 수 없는 현실인데요. 법제화한다면 교단법과 양심법을 위반하는 영원한 미결수를 양산하지는 않을 겁니다.

교단 총회는 어떻게 해야 할까요. 성서신학, 실전신학, 헌법, 목회자로 구성된 전문가 그룹이 연구해야 할 게 많습니다. 온라인 총회, 헌법 개정안 1년 연기, 정부의 방역수칙을 준수하며 총회 임원 선거를 위한 지역별 투표, 총회 기구 통폐합을 통한 비용 절감, 총회비와 지방회비 감면 등, 연구와 법제화를 통해 위기관리 매뉴얼을 만들어야 할 때입니다.

자연재해나 바이러스를 막을 수는 없지만 교회가 준비한다면 그 피해를 최소화할 수는 있습니다.

생각노트 Thinking Note

생각 1. 당신 인생의 가장 큰 위기는 무엇이었고 극복하는 과정에서 무엇을 배웠나요?

생각 2. 위기에 대응하는 당신의 리더십의 유형은 a. 전체주의, b. 권위주의, c. 자유방임, d. 민주주의 중에서 어떤 유형이라고 생각하나요?

생각 3. 당신의 삶이나 공동체에 닥칠 위기는 어떤 것이라고 생각하며 현실이 된다면 어떤 계획이나 매뉴얼을 가지고 계신가요?

생각 4. 당신의 삶이나 일터에 위기가 닥친다면 지혜를 빌려올 전문가는 누구이며 어떤 과정을 통해 도움을 받을 것인가요?

리더십 노트 26

리더의 고(GO) 포인트

A: 임직으로 인해 심한 홍역을 앓았던 교회가 10년 이상 임직을 멈춤.

B: 장로 장립을 위한 모든 절차를 마쳤고 임직식 날까지 잡았는데 내에서 사무총회 공고 시 '의제상정'이 빠져서 불법이라고 문제를 제기함.

C: 이 사람을 세우자니 저 사람이 걸리고 둘 다 세우자니 확신이 없음.

D: 예배당을 구입하고 이전하기로 특별새벽기도까지 마쳤는데 찬반이 팽팽함.

어떻게 해야 할까요?

리더십은 항상 도전받는데요. 구성원은 리더의 판단력을 보고 거리를 조정합니다. 올바른 판단력을 갖추는 것은 영성의 꽃이자 종합예술인데요. 성령께서 때마다 답을 주시면 좋으련만 선택의지를 주셨기에 침묵하실 때가 많습니다. 선택과 결정의 순간에 먼저 특별인도를 받는데요. 정확한 길을 선명하게 계시하십니다. 하지만 일반화하면 이단입니다. 다음은 직관인데요. 오랜 경험, 지성을 바탕으로 하지만 몇 번 통하고 나면 독선에 빠지기 십상입니다.

베르나르 베르베르가 「상대적이며 절대적인 지식의 백과사전」에서 꼬집은 지적 갑각, 교조적 지식인과 종교인의 정신세계를 감싸는 원리주의의 껍데기가 그것입니다. 자수성가한 리더에게 성공이 지속될 때 자기 의란 갑각으로 해체 불가한 수준의 무장을 하죠. 이성과 경험의 한계 안에 체험적 신앙의 순결(?)을 방어한다고 뒤집어쓴 체험주의자의 도그마는 주님도 곤혹스러워하셨습니다.

1911년 인류역사상 '최초의 남극점 탐험'이라는 명예를 걸고 노르웨이의 로알 아문센팀과 영국의 해군 장교 출신 로버트 스콧 팀이 경쟁을 벌였는데요. 아문센은 에스키모인의 생활과 많은 극지 탐험을 연구한 후에 개썰매를 주 이동 수단으로 결정했습니다. 탐험대는 매일 6시간, 32km만을 이동했죠. 탐험과정에서 생길 모든 변수를 예측하고 대안도 준비했습니다.

스콧은 이동수단으로 동력을 사용하는 개썰매와 조랑말을 선택했어요. 5일째 되던 날 혹한으로 썰매의 모터가 멈췄죠. 목적지에 도착하기 전에 움직이지 못하는 조랑말을 모두 죽였습니다. 1912년 1월 17일 목표지점에 도착했지만 스콧을 기다렸던 것은 5주 전에 두고 간 아문센의 편지와 깃발 그리고 자신과 대원의 죽음이었습니다. 그는 일기장에 "우리들은 남자답게 죽을 것이다. 영국인들의 인내와 용기를 보여주고 싶다."라고 적었지만 무모한 리더의 객기로 읽힙니다.

우리의 선택과 결정의 순간에 절대기준은 성서인데요. 성서 해석이 확증편향자의 눈에는 확증을 보증할 담보로 전락하기 일쑤입니다. 신학적인 소양을 넓혀야 하지만 목회자가 신학자가 되기는 쉽지 않지요. 신학 전문가에게 해석을 의뢰하고 경청하며 목회나 사업, 사회생활 선배에게 듣는 겸손으로 무장해야 합니다. 하나님은 특별, 직관, 전문가를 통해 인도하지만 인격, 양심, 역사, 지혜, 상황, 사람을 통해서도 판단하게 하십니다.

"하나님의 음성을 들었다."라는 거룩한 분에게 합리적인 판단을 요구하면 불신앙의 인본주의자로 내몰립니다. 신비주의와 원리주의자의 판단의 오류를 바로잡을 유일한 대안은 전문가 그룹을 두는 일입니다.

마이클 유심은 『고 포인트』에서 디사이도포비아, 결정공포증을 말합니다. 너무 완전한 지식과 확신을 추구하다가 결국 '고 포인트'를 놓치거나, 엉뚱한 결정을 하게 된다는 건데요. 최악은 어떤 결정도 내리지 않는 겁니다. 미국 해병대에는 '70퍼센트 해법'이란 게 있습니다. 70퍼센트의 정보를 수집하고, 70퍼센트까지 분석, 70퍼센트 정도 확신이 든다면 실행하라는 지침인데요.

"고(Go)를 할 것인지 스톱(Stop)을 할 것인지?"

인질구출 작전만큼이나 일상과 목회에서 판단력은 시험대에 오릅니다. 리더는 잘못된 판단에서 많은 걸 배우지만 지불해야 할 대가는 참으로 큽니다. 판단할 때 다음의 과정을 거치면 좋은데요. 내적인 확신(양심 법), 성서에 입각한 세계관, 정보수집과 분석, 전문가(당회), 공감대 형성입니다.

리더십은 타이밍을 아는 것

올바른 일을 잘못된 타이밍에 실행하면 저항을 받지요. 올바른 타이밍에 결정을 미루면 실패합니다. 올바르지도 않은 일을 잘못된 타이밍에 추진하면 재앙인데요. 올바른 일을 올바른 타이밍에 실행하면 승리합니다. 올바른 일이 무엇인지 알기는 어렵지 않지만 타이밍을 안다는 것은 리더십의 전부라고 봐도 과언이 아닙니다.

"하나님이 기뻐하시는 일이어도
타이밍이 잘못되면 사람의 저항이 거셉니다."

리더의 올바른 판단력으로 일군 성과는 리더십을 더욱 견고하게 하며 신뢰를 받고 더 많은 것을 위임받습니다.

그렇게 우리 함께 갑시다. 고(Go).

생각노트 Thinking Note

생각 1. 당신이 최근에 받은 가장 강력한 도전은 무엇이며 그 이유는 무엇인가요?

생각 2. 선택과 결정의 순간을 놓쳤던 경험은 언제 무엇이며 무엇을 느끼고 배웠나요?

생각 3. 주위 사람 중에 원리주의 껍데기를 쓴 사람은 누구이며 반면교사를 삼아야 할 것은 무엇인가요?

생각 4. 미 해병의 '70퍼센트 해법'에서 무엇을 배웠고 무슨 일에 어떻게 적용할 것인가요?

리더십 노트 27

리더십의 유형과 의사 결정

코로나 19 바이러스 감염증으로 인해 주일 예배 휴회를 결정한 교회가 적지 않은데요. 휴회를 넘어 개혁교회의 신앙생활 근간을 흔드는 신호탄이 될 수도 있다는 우려가 염려로 끝나지 않을 것 같습니다. '주일 예배를 어떻게 할 것인가?' 묻는 전화로 생각을 나눈 시간이 기도 시간보다 길었던 한 주였어요. 2020년 3월 첫 주일을 보내고 정보를 수집했는데요. 로고스교회가 위치한 고양시 중·대형 교회 85%가 주일 예배를 휴회했습니다.

의사 결정에는 일곱 가지 모형이 존재하는데요. '합리, 만족, 점증, 혼합, 최적, 쓰레기통, 공공선택'입니다. '최적 모형'은 합리성만이 아니라 '초합리'적인 요소도 열어놓습니다. 신앙인에게는 하나님의 특별계시를 초합리라고 할 수 있죠. 초합리가 합리보다 우선되지만 일반화하면 이단입니다. '하나님의 뜻', '진리를 깨달았다'라고 하는 자는 조심해야 합니다. 우리는 하나님의 뜻을 찾아가고 진리를 알아갈 뿐입니다.

주변 교회가 어떤 결정을 내렸는지는 단지 참고만 할 뿐 신학적인 접근이 먼저인데요. 신학적인 해석도 길을 달리할 여지가 충분합니다. 한국성결신문은 발 빠르게 예배학자의 특별제언을 실어 길을 냈습니다.

처방전은 크게 세 가지입니다. 첫째, 어떤 상황이라도 주일예배는 예배당에서 드린다. 둘째, 온라인 예배와 예배당 예배, 두 방법으로 진행한다. 셋째, 예배당 출입은 통제하고 온라인 예배로만 드린다.

의사 결정을 보면 리더십의 유형이 보이는데요.
첫째가 권위주의형입니다. 임시 당회 소집을 꺼립니다. 모이면 어떤 결론이 날지 뻔히 알기 때문이죠. 모인다 할지라도 자신의 의사 결정을 관철하려 합니다. 둘째, 자유방임형입니다. 어떤 결정도 하지 않죠. 당회, 여론 수렴, 의사 결정도 하지 않고 그냥 둡니다. 셋째, 의존반응형인데요. 신학적인 해석과 고민보다는 당회원의 뜻에 따르고 리더의 생각을 말하지 않습니다. 하기 싫은 게 아니라 할 수 없는 경우도 있겠죠. 넷째, 자유민주형인데요. 당회를 소집하고 안건을 상정합니다. 리더는 당회장으로서 성서에 따른 세계관의 관점에서 의사 표현을 합니다. 하지만 본인의 생각을 관철하려 하지 않습니다. 다수의 의견을 선택합니다. 결정된 것을 실행에 옮기고 결과는 책임을 집니다.

 자유민주형만이 정답이라 할 순 없습니다. 때론 강력한 리더십으로 '나를 따르라'고 선포하고 이끌어야 할 때도 있습니다. 하나님의 특별계시에도 순종해야 합니다. 자유방임 속에 침묵이 최선일 때도 있죠. 리더십이 견고하지 않을 때는 의존반응형도 나쁘지는 않습니다. 중요한 것은 공동체의 온도, 리더십의 신뢰도, 상황을 고려하여 하나님의 계시를 열어놓고 유연하게 길을 가야 합니다.

 의사 결정보다 중요한 것은 과정인데요. 임시 당회를 열었고 당회장으로서 '모두 발언'을 했습니다. 위에서 제시한 세 가지 방안을 상정했는데요. 주일 예배 전면 휴회, 온라인 예배로 결정했습니다. 아쉬움이 없었던 것은 아니지만 기록에 남기고 후속 조처를 했죠. 3부 예배만 생중계하자는 의견도 있었으나 개인차를 존중해서 1~4부, 모든 예배를 생중계했어요. 비상시국이므로 매주 금요일 밤 8시 신속한 의사 결정을 위해 당회원 기도회로 모이고 한 주씩 다음을 결정하기로 했습니다.

의사결정 공동체는 책임 공동체

　의사 결정을 했다면 생각이 다를 수 있지만 존중하는 것이 영성인데요. 예배 휴회와 강행 중 어떤 결정도 다른 의견보다 옳은 것은 아닙니다. 공동체를 분열시키는 이분법적인 사고는 '코로나 19 바이러스'보다 더 위험합니다. 만일 주일 예배를 강행했다가 교회에서 확진자가 나온다고 해도 소수에게 책임을 묻지 않고 공동책임을 져야 합니다. 생각과 다른 길을 갔어도 공동체성은 결과를 함께 책임지는 겁니다. 영성의 다른 말은 공동체성인데요. 주님의 핏값으로 세운 교회가 다름을 존중하고 하나 됨을 이룬다면 어떤 바이러스도 능히 이길 수 있습니다.

생각노트 Thinking Note

생각 1. 당신은 리더십의 세 유형 중에 어떤 유형에 속한다고 생각하나요. 당신의 생각과 지인 다섯 사람의 생각이 일치할 것이라고 생각하나요?

생각 2. 의사결정의 일곱 가지 모형(합리, 만족, 점증, 혼합, 최적, 쓰레기통, 공공선택) 중에서 당신은 어떤 모형에 속하나요?

생각 3. 질문 2에서 답을 냈다면 보완, 추가, 발전해야 할 영역은 무엇이며 어떻게 할 것인가요?

생각 4. 당신의 잘못된 의사결정으로 인해 기회를 놓쳤던 경험 하나와 올바른 의사결정을 위해 개선해야 할 부분은 무엇인가요?

리더십 노트 28

리더의 피보팅(Pivoting)

피봇(pivot)의 사전적 의미는 '물건의 중심을 잡아주는 축'이라는 뜻인데요. 농구, 핸드볼에서 한쪽 다리는 땅에 붙여 축으로 고정하고, 다른 쪽 다리는 여러 방향으로 회전하며 다음 움직임을 준비하는 동작을 의미합니다. 최근 스타트업에서 피보팅을 성공 공식으로 사용하는데요. 비교적 몸집이 가벼운 스타트업의 경우에는 시장과 소비자의 변화에 따라 자사가 보유한 자산을 바탕으로 신속하게 사업을 전환하는 것이 용이하기 때문입니다. 유튜브, 넷플릭스, 트위터, 인스타그램, 배달의 민족이 피보팅으로 오늘을 일궜습니다.

코로나19를 14세기 흑사병이나 1930년대 세계경제대공황과 같은 위기에 빗대는데요. 세계적 미래학자 짐 데이토(Jim Dator)는 코로나19 이후의 세계가 어떻게 될 것인가를 묻는 질문에 답을 냈습니다.

"한 가지 미래만을 계획하는 것은 매우 위험하고 현명하지 못한 도박이다. 어떤 미래가 펼쳐지든지 대응할 수 있는 정책을 고안해 내는 것이 당신의 의무다."

수년 전 기독교 케이블 TV에서 탁월한 설교가의 방송 설교로 인해 교인의 수평 이동이 늘었다는 문제를 제기했는데요. 피할 수 없는 현실이 됐습니다. 설교 방송을 탓하지 않고 배움을 통해 성장한 '케이블 키즈 목회자' 시대가 열렸어요. 성도들은 양질의 말씀을 찾아 이동합니다. 결과를 놓고 보면 빼앗은 쪽보다는 빼앗긴 쪽의 책임이 큽니다. 창세기는 하나님을 '빼앗아서 주시는 분'으로 계시합니다.

목회는 축을 옮길 수 없지만 피보팅에서 배워야 합니다. 한쪽 다리는 땅에 붙여 진리는 사수하고 다른 쪽 다리는 여러 방향으로 회전하면서 목회를 재구성해야 할 때입니다. 진리에는 일치를 그 외에는 사랑의 관점으로 피보팅합니다. 교회 홈페이지에서 설교를 들었는데요, 최근엔 유튜브를 찾습니다. 속도, 접근성, 편리성 때문이죠. 코로나19가 유튜브 시대를 더 빠르게 열었어요. 다양한 목회자의 탁월한 설교를 훨씬 쉽게 접하게 됐습니다. '유튜브 스타' 목회자도 나왔어요. 변하지 않으면 죽을지 모릅니다. 코로나19가 끝난다고 코로나19 이전 출석으로 쉽게 돌아갈 것이라고 기대한다면 현실감이 없거나 혹은 위대한 목회자 중 하나일 텐데요. 코로나19는 교회에 큰 도전입니다. 하지만 적응을 넘어서 변화의 단계로 삼으면 기회입니다. 코로나19는 목회자와 교회에 시간을 선물했습니다. 기도, 묵상, 지성의 재충전 기회로 삼는다면 "목사님 설교가 달라졌어요."란 평가를 얻을 겁니다.

지금도 기억합니다. 수기로 설교를 작성하다가 컴퓨터에서 워드프로세서를 사용할 때 성령께서 불편해하시는 것 같았어요. 사실 제가 불편했던 겁니다. 지금은 종이에 설교를 쓴다면 끔찍할 것 같아요. 교정과 재구성에서 참 게을러질 겁니다. 목회는 변해야 합니다. 모이는 교회에서 흩어지는 교회, 예배당에서 가정, 대면에서 비대면으로 말입니다.

진리는 사수하되 전환이 필요

길을 찾기 위한 일환으로, 담임하고 있는 로고스교회는 거리두기 2.5단계의 성탄 예배를 5부로 드렸어요. 송구영신예배는 교구별 4부로 드리면서 각 교구 담당 목사에게 설교를 위임했고 4부만 인도했습니다. 예배당에 나오라는 메시지를 전한 게 아니라 예배당 예배를 드릴 기회를 단 몇 분에게라도 더 드리려는 배려였죠. 성탄 전야에는 '가정별 온/오프라인 축제'로 기획했습니다. 본당에 20명 이상 자리하지 않았고 차에서 대기하다가 담당 시간에만 입장했어요. 가정에서 보내온 영상은 사이에 넣었습니다. 그날 밤 친교에 목마른 성노는 단비를 만났습니다. 반응은 폭발적이었어요. 다음 날 아침에 열어보니 접속자가 주일 예배보다 열 배나 많았습니다. 두고두고 하이 스토리가 될 텐데요. 토요일 예배를 신설한 발 빠른 교회에도 박수를 보냅니다.

타협이라 생각할 수도 있겠으나 지혜로 읽힙니다. 코로나19에게 넋 놓고 당하는 게 아니라 특별하게 적응하는 지혜라 봅니다.

새벽 기도회를 유튜브 생중계로 송출하는데 코로나19 이후에도 계속할 생각입니다. 유튜브 영상은 새벽잠이 많은 세대가 늦은 아침기도회로 하루를 시작할 수 있지요. 코로나19가 준 선물입니다. 그렇지 않으면 아직도 현장 새벽기도회만 고집했을 겁니다. 목장모임, 전도, 바자회, 제자훈련, 독서모임도 온라인으로 계획했어요. 집에 있는 시간이 많아지기에 개인적 영성 관리를 위한 '말씀과 삶 다이어리'도 만들었습니다. 설교는 5분 이상 줄였습니다.

코로나19를 단지 우리를 고통스럽게 하는 무엇으로 끝나지 않게 하려면 세계경제포럼 클라우스 슈밥 회장의 말에 귀 기울여야 합니다.

"적응하거나 죽거나(Die or adapt)"

쉽게 생각하지도, 쉽게 가지도 않아야 합니다. 빼앗긴 교회에 봄은 오지 않습니다.

생각노트 Thinking Note

생각 1. 당신의 삶에서 피보팅이 필요한 부문은 무엇이며 그 이유는 무엇인가요?

생각 2. 당신의 주위, 책이나 간접 경험을 통해 피보팅을 잘하는 사람이나 기업, 단체가 생각난다면 누구, 어디인가요? 그분이나 기업, 단체에서 배울 점은 무엇인가요?

생각 3. 피보팅을 하지 못하거나 정체성 없이 축을 옮겨서 고전하는 개인이나 기업, 단체에서 배울 교훈은 무엇인가요?

생각 4. 당신의 삶과 일터에서 긴급하게 적용해야 할 피보팅은 무엇이며 어떻게 할 것인가요?

리더십 노트 29

리더십 과정의 법칙

앤 셰이버(Anne Scheiber)는 공무원이었는데요. 50세에 퇴직한 후 5천 달러를 주식에 투자했죠. 주식은 51년이 지나 101세의 나이로 세상을 떠날 무렵에는 액면가 2,200만 달러로 무려 4,400배나 불어났습니다. 그녀는 자신이 보유한 주식의 가치가 올라가든 내려가든 거의 팔지 않았습니다. 기회가 될 때마다 심기만 했어요. '과정의 법칙'을 잘 알고 장기적인 관점에서 투자했고 배당금이 나오면 또 투자했습니다. 그리고 아무런 연고 없는 뉴욕 예시바 대학교(Yeshiva University)에 2,200만 달러 전부를 기부했습니다.

어떤 일에든 결과를 원하지 않는 사람, 사업장, 교회는 없을 겁니다.

"우리 교회는 모든 게 준비됐습니다. 목사님만 잘 모시면 성장할 터이니 좋은 목사님을 소개해 주십시오."

이해는 하지만 질문이 꼬리를 뭅니다.

"예배당 건축과 좋은 목사님 청빙, 두 가지 조건만 충족하면 교회는 부흥할까요?"

"귀 교회는 좋은 목사님을 청빙하려고만 했지 위대한 목사를 키우는 일에 헌신하셨나요?"

"좋은 목사를 모셨는데 부흥하지 않으면 그 책임은 누구에게 있나요?"

"21세기 교회 성장의 조건이 무엇인가요?"

입안에 머금은 질문을 끝내 터뜨리진 못했네요. 좋은 부목사 소개해 달라는 부탁도 종종 받는데요. 모든 교회의 고민일 겁니다. 개척해서 약 15년간은 좋은 동역자를 모시기 어려웠습니다. 규모, 사례, 복지, 영향력에서 경쟁력이 전무했죠. '사람이 답'인 걸 알기에 준비된 사람을 찾으려고만 했거든요. 결과만 바라는 욕심꾸러기였던 셈이죠. 과정의 법칙을 이해하곤 따르기로 했습니다.

존 맥스웰(John C. Maxwell)은 「리더십 불변의 법칙」에서 "리더십은 매일 발전하는 것이지 하루아침에 되는 것이 아니다."라고 했는데요. 혹자는 다른 사람보다 더 훌륭한 자연적 은사를 갖고 태어나기도 하지만 리더십은 온갖 기술의 집합입니다. 과정의 법칙에서 리더십 성장의 첫 번째 단계는 모른다는 것을 모르는 것입니다. 탁월한 동역자나 직원을 모집하려 해도 안 온다면 그 이유를 알아야 합니다. 좋은 목사를 모셔도 부흥이 안 된다면 교회의 병리적 현상을 모르기 때문인데요. 두 번째 단계는 모른다는 것을 압니다. 탁월한 사람이 지원하지 않는 이유가 연봉, 평판, 리더의 인격, 성장 가능성, 문화 중에서 어떤 점이 부족한지를 아는 단계인데요. 세 번째 단계는 알고 성장합니다. 리더와 공동체의 성장판이 열려 있으면 리더십은 알려집니다. 기꺼이 성장을 소원하는 동기를 가진 자가 모여드는데요. 선순환이 이루어지면 이너서클이 만들어져서 점점 더 수준 높은 사람이 모입니다. 네 번째 단계는 아는 것 때문에 단순히 갑니다. 공동체는 자동항법 장치가 작동하는 것처럼 순항하지요. 교회는 성령의 능력으로 다양한 역사를 경험합니다.

매일의 과정이 이미 결과의 기쁨

결과를 앞서 알고, 원하는 것을 얻고 싶어 하는 사람이 많은데요. 과정의 법칙을 밟아가는 수고를 게을리하지 않는다면 결과는 따라옵니다. 위대한 리더는 하루아침에 만들어지지 않습니다. 매일 1센티미터라도 주님의 위대하심을 닮아가는 삶의 여정을 포기하지 않는디먄 어느 날 복리로 계산해 주세요. 위대한 사람, 위대한 교회가 되기를 포기하지 않는 것은 하나님께 드릴 의무인데요. 늦었다는 후회가 있더라도 후발 주자가 위대한 영향력을 행사한다는 게 불가능한 것은 아닙니다. 결과는 주님께 맡기고 하루하루 과정을 밟으면 됩니다.

동역자가 부임해서 6년간 사역하면 한 달 휴가와 휴가비를 신설했어요. 월차와 월요일이 법적 공휴일이면 대체휴일도 줍니다. 목회 연구를 위한 세미나 참석과 연구비 지원, 외부 설교를 위한 시간 배정, 토요일 오전에는 설교를 위한 스터디 모임을 시작했어요. 세대 통합교육 목회로 인해 교회학교와 설교 본문이 같기에 구도, 내용을 함께 배웁니다. 담임 목사의 감정과 말이 이끄는 교회에서 탈피하기 위해 각 영역에 해당하는 촘촘한 목회 매뉴얼도 만들었죠. 어려운 일이지만 성장의 기회를 돕고 함께 위대한 목회자로 성장하는 사관학교 같은 교회를 꿈꿉니다.

윌리엄 셰익스피어는 말했습니다.

"이미 얻었다면 끝난 것이다.
기쁨의 본질은 그 과정에 있으므로."

리더는 단 하루도 긴장을 늦추지 않습니다. 잠시 성취의 기쁨을 맛보지만 시상대에서 바로 내려갑니다. 위대한 리더는 시상대에 서는 것도 꺼립니다. 어떤 열매도 쉬 따지 않고 인내와 끈기의 시간을 신뢰하며 매일 쌓아갑니다. 갈 길이 멀어 가끔 지치기도 하지만 오늘도 성령께서 주시는 새 힘을 받아 하루 한 걸음만이라도 위대함을 향해 나아가지요. 아직 원하는 것을 얻지 못하고 목적지에 도달하지 못했더라도 종의 자리에서 묵묵히 걸어가는 법만은 잊지 않습니다. 낙심하며 한숨짓는 유혹을 버리고 처음으로 돌아가 첫걸음부터 다시 시작할 결단이 필요합니다. 생각과 걸음을 바꾸지 않고는 결과를 바꿀 수 없습니다.

생각노트 Thinking Note

생각 1. 과정의 법칙을 이해하지 못한 기회주의자가 주위에 있나요? 그가 당한 현실은 무엇인가요?

생각 2. 당신이 과정의 법칙을 지킴으로 얻은 열매는 무엇인가요?

생각 3. 과정의 법칙을 이해한다면 어떤 영역에서 어떻게 과정을 밟아갈 것인가요?

생각 4. 과정의 법칙을 이해한다면 현실을 바라보는 당신의 관점은 어떻게 달라지나요?

리더십 노트 30

리더와 프레임의 법칙(Frame law)

오성과 한음이 예배를 드리러 가는 중인데요. 오성이 한음에게 물었어요.

"자네는 기도 중에 담배를 피워도 된다고 생각하나?"

한음이 대답했어요.

"글쎄 잘 모르겠는데, 목사님께 한번 여쭤보는 게 어떻겠나?"

오성이 목사님께 물었죠.

"목사님, 기도 중에 담배를 피워도 되나요?"

목사님은 정색을 하며 대답했습니다.

"형제여, 기도는 하나님과 나누는 엄숙한 대화인데, 절대 그럴 순 없네."

오성으로부터 목사님의 답을 들은 한음이 말합니다.

"그건 자네가 질문을 잘못했기 때문이야. 내가 가서 다시 여쭤보겠네."

한음이 목사님께 물었습니다.

"목사님, 담배 피우는 중에는 기도를 드리면 안 되나요?"

목사님은 얼굴에 온화한 미소를 지으며 말했어요.

"형제여, 기도는 때와 장소가 필요 없다네. 담배를 피우는 중에도 기도는 얼마든지 할 수 있지."

똑같은 상황이라도 어떠한 관점의 틀을 가지고 보느냐에 따라 생각과 행동이 달라지는 게 '프레임의 법칙'인데요. 동일한 현상도 관점에 따라 전혀 다르게 보입니다.

주님은 "광야에 무엇이 있더냐?" "광야에서 무엇을 보았느냐?"라고 묻지 않으시고 "무엇을 보려고 광야에 나갔더냐?"라고 물으셨습니다. 관점의 프레임을 물으신 건데요. 의도를 가지고 사물을 보는 경우를 꼬집으신 겁니다. 자신의 입장, 생각, 체험의 한계라는 프레임에 갇히게 되면 잔인, 무례, 분노, 자만, 오만의 갑옷으로 무장한 것과 같지요. 잘못된 관점이나 느낌을 사실로 받아들이면 사람과 사물의 본질을 보지 못하기 십상인데요. 리더는 매일 자신의 관점, 의식, 자기중심적인 틀을 깨고 리프레이밍(reframing)해야 합니다.

주일예배가 9시와 11시인데요. 권사님 가정이 미얀마를 가는데 비행기 탑승 시간 때문에 주일 아침 7시에 예배당에서 자기

가족을 위해 주일 예배를 인도해 달라고 합니다. 허락해도 하지 않아도 마음이 편치 않을 텐데요. 반면에, 한 가정이 외국을 가는데 꿈자리가 뒤숭숭해 마음이 불안답니다. 주일 아침 7시에 자기 가정을 위해 예배를 인도해 주면 다녀와서 예수 믿고 교회에 등록하겠답니다. 왜 안 되겠어요.

사고의 틀을 깨고 리프레이밍을 하기 위한 첫 번째 단계는 '의심'인데요. 고착된 교회 내 자기중심, 집단 이기적 관점은 아닌지 의심해야 합니다.

배형민은 「의심이 힘이다」에서 말했습니다.

"건축가는 해답을 만드는 사람이 아니고 내가 사는 세상만 최선이라는 걸 의심하고, 질문을 만들어 내고, 그중 가능한 답 하나를 건물로 보여 주는 것이다."

건축물이 그렇다면 인생은 더 의심해야겠죠. 의심이 없다면 의식과 관점은 점점 굳어 갑각류처럼 될 텐데요. 의심했다면 다음 단계는 '해체'입니다. 잘못된 전통, 사람 중심, 돈이 이끄는 의사결정의 관행과 습속(habitus)을 따르는 프레임을 해체하는 거예요. 주님은 새 포도주를 헌 가죽 부대에 담지 말라고 하셨는데요. 그러기 위해서는 헌 가죽 부대를 버려야 합니다.

의심, 해체, 재구성을 위한 도전

　타임지 표지 사진 한 장을 얻기 위해서는 천 여정을 버리는 수고를 기꺼이 합니다. 해체는 자아, 철학, 공간, 의식, 설교, 인격, 지성에 이르기까지 전방위에 걸칩니다. 해체에는 고통이 따르기에 피하기 일쑤인데요. 고통을 피하려 해체를 미룬다면 훗날 더 큰 고통에 직면합니다. 다음 단계는 재구성입니다. 백지상태에서 다시 시작하는 거죠. 목회자라면 매일같이 첫 부임이나 개척 첫날에 서는 겁니다. 사업가나 직장인은 안정과 일상의 당연함을 버리고 맨 밑자리에 서는 겁니다. 재구성은 성령의 감동을 따라 내면에서부터 필사적으로 시작될 때 필연적으로 이루어지는데요. 생명력, 역동성, 재창조, 혁신, 승리를 보상으로 얻습니다. 매일 구원받고 말씀 안에서 성령의 감동과 인도하심을 받습니다. 재구성은 안에서부터 시작되지만 재구성의 실현은 안에서 밖이 아니라 밖에서 안으로입니다.

　말씀 외에 어떤 것도 영원한 것은 없습니다. 철학, 과학, 기업, 교회까지도 영원하지 않습니다.

"네 빵을 물 위에 던지라.
여러 날 후에 찾으리라(전 11:1)"

일상, 목회, 사업에 대한 의심, 해체, 재구성을 위한 도전을 권합니다. 어거스틴은 말했습니다.

"본질에는 일치를, 비본질에는 자유(관용)를,
 모든 일에는 자비(사랑)를!"

본질, 하나님의 말씀만 남기고 모든 일에 관용과 사랑으로 틀을 짜면 여러 날 후에 찾습니다.

생각노트 Thinking Note

생각 1. 당신은 누군가의 프레임에 갇혀서 어려움을 겪은 적이 있나요? 글로 적어보고 함께하는 뷰과 이야기를 나눠보세요.

생각 2. 나의 고정된 관점의 프레임에 누군가를 가두거나 오류를 범한 적이 있다면 무엇인지 구체적으로 말씀해 주세요.

생각 3. 오성과 한음의 대화에서 무엇을 느꼈고 삶에 적용해야 할 것은 무엇인가요?

생각 4. 당신의 삶에서 리프레이밍해야 할 부문은 무엇이고 어떻게 할 것인지 글로 쓰거나 이야기를 해보세요.

안성우 목사의 리더십노트

ⓒ2023, 피플스북스

발행처 피플스북스
발행인 안성우

책임편집 정은수 **교정** 김현주 방하늘 서영호 정지혜
표지・내지 디자인 김은하 서명범
인쇄 한국학술정보(주)
펴낸곳 도서출판 피플스북스
출판등록 2015년 8월 13일(제 396-2015-000160호)
주소 경기도 고양시 일산동구 일산로 286번길 36
이메일 peoplesbooks@hanmail.net
문의전화 031)978-3211 **팩스** 031)906-3214

ISBN 979-11-956336-9-2

* 이 책의 판권은 피플스북스에 있습니다.
* 이 책 내용의 전부 또는 일부를 재사용하려면 반드시 서면 동의를 받아야 합니다.
* 잘못된 책은 교환해 드립니다.